Diogenes Taschenbuch 21806

de
te
be

Georges Simenon

Maigret hat Skrupel

Roman

Aus dem Französischen
von Ingrid Altrichter

Diogenes

Titel der Originalausgabe:
›Les scrupules de Maigret‹

Die deutsche Erstausgabe erschien 1959
Die vorliegende Übersetzung
wurde erstmals 1986 in dem Band
Georges Simenon, ›Weihnachten mit Maigret‹,
im Diogenes Verlag veröffentlicht;
sie wurde für die Neuausgabe 2001 der vorliegenden
Taschenbuchausgabe überarbeitet
Umschlagzeichnung von
Hans Höfliger

Veröffentlicht als Diogenes Taschenbuch, 1989

www.diogenes.ch
50/01/36/2
ISBN 3 257 21806 0

Inhalt

I

Besuch am Dienstagmorgen

Es kommt am Quai des Orfèvres höchstens ein- oder zweimal im Jahr vor, und manchmal ist es so schnell vorüber, daß man es überhaupt nicht bemerkt: Nach einer Zeit fieberhafter Betriebsamkeit, in der pausenlos ein Fall dem anderen folgte, wenn nicht gar drei oder vier Fälle auf einmal den gesamten Mitarbeiterstab derart erschöpften, daß die Inspektoren schließlich aus Schlafmangel ganz verstört aussahen und mit geröteten Augen herumliefen, da tritt plötzlich eine Flaute ein, sozusagen eine gähnende Leere, die durch ein paar belanglose Telefonanrufe kaum unterbrochen wird.

So war es tags zuvor gewesen, an einem Montag, der freilich immer etwas ruhiger verläuft als die übrigen Wochentage, und am Dienstag herrschte um elf Uhr vormittags noch die gleiche Atmosphäre. Kaum daß auf dem breiten Flur zwei oder drei jämmerliche Polizeispitzel herumlungerten, die sich unbehaglich fühlten und gekommen waren, um ihre Berichte abzuliefern, und im Inspektorenbüro saß mit Ausnahme derer, die gerade die Grippe hatten, jeder an seinem Platz.

Während es Maigret in dringenden Fällen meistens an einsetzbarem Personal mangelte und er die größte Mühe hatte, genügend Männer zu finden, die er auf einen Fall ansetzen konnte, hätte er an diesem Tag über seine beinahe vollzählige Mannschaft verfügen können.

Allerdings war es fast überall in Paris so ziemlich dasselbe. Es war der 10. Januar. Nach den Feiertagen lebten die Menschen auf Sparflamme, leicht verkatert, die fällige Miete und die bevorstehende Steuererklärung vor Augen.

Der Himmel hatte sich der allgemeinen Stimmung und Verdrießlichkeit angepaßt und zeigte sich in fahlem Grau, in ungefähr demselben Grau wie die Pflastersteine. Es war kalt, nicht etwa so kalt, daß es malerisch gewesen wäre oder daß man in den Zeitungen darüber berichtet hätte, nein, es war nur diese unangenehme Kälte, die man erst spürte, wenn man eine Zeitlang durch die Straßen gelaufen war.

Die Radiatoren in den Büros waren kochend heiß, was die gedämpfte Stimmung noch bedrückender machte, und von Zeit zu Zeit gluckerte es in den Leitungsrohren, es waren geheimnisvolle Geräusche, die aus der Heizungsanlage kamen.

Wie Schüler nach den Examen beschäftigten sie sich samt und sonders mit den nichtigen Dingen, die man für gewöhnlich auf später verschiebt, entdeckten in den Schubladen vergessene Berichte, besannen sich auf Statistiken, die noch aufzustellen waren, auf eintönige Verwaltungsarbeiten.

Die Leute, von denen in den Zeitungen sonst die Rede war, befanden sich fast alle an der Côte d'Azur oder beim Wintersport.

Hätte Maigret noch seinen Kohleofen gehabt, den man ihm nach dem Einbau der Zentralheizung noch so lange gelassen, aber schließlich doch abgebaut hatte, dann hätte er von Zeit zu Zeit seine Arbeit unterbrochen, Kohlen nachgelegt oder das Feuer geschürt, daß die rotglühende Asche durch den Rost regnete.

Er war nicht gerade schlechtgelaunt; doch gut aufgelegt war er auch nicht, und im Bus, mit dem er vom Boulevard Richard-Lenoir hergekommen war, hatte er sich einen Augenblick lang gefragt, ob er nicht etwa eine Grippe ausbrütete.

Lag es vielleicht daran, daß er sich um seine Frau Gedanken machte? Am Tag zuvor hatte ihn sein Freund Pardon, der Arzt aus der Rue Picpus, unerwartet angerufen.

»Hallo, Maigret... Erzählen Sie Madame Maigret nicht, daß ich Ihnen Bescheid gesagt habe...«

»Worüber denn?«

»Sie war vorhin bei mir, und sie bestand darauf, daß ich mit Ihnen nicht darüber rede...«

Es war noch kein Jahr her, daß auch der Kommissar Pardon aufgesucht und ihn dringend darum gebeten hatte, seiner Frau nichts davon zu erzählen.

»Machen Sie sich bloß keine Sorgen! Ich habe sie gründlich untersucht. Es ist nichts Ernstes...«

Maigret hatte sich tags zuvor, als der Anruf kam, ebenso schlapp gefühlt wie an diesem Morgen, und vor ihm hatte derselbe Verwaltungsbericht gelegen, den er fertigstellen mußte.

»Was hat sie denn für Beschwerden?«

»Seit einiger Zeit kommt sie beim Treppensteigen außer Atem, und besonders morgens hat sie schwere Beine. Ich sage es Ihnen noch einmal, es ist nichts Beunruhigendes. Nur, ihr Kreislauf ist nicht ganz so, wie er sein sollte. Ich habe ihr Tabletten verschrieben, die sie zu jeder Mahlzeit einnehmen muß. Damit Sie sich nicht wundern, verrate ich Ihnen noch, daß ich sie auf Diät gesetzt habe. Ich möchte gern, daß sie fünf oder sechs Kilo abnimmt, das würde ihr Herz entlasten.«

»Sind Sie sicher, daß ...«

»Ich schwöre Ihnen, es besteht nicht die geringste Gefahr, aber ich hielt es für besser, Ihnen Bescheid zu sagen. Wenn Sie mich fragen, dann tun Sie am besten so, als würden Sie nichts merken. Am meisten schreckt sie der Gedanke, daß Sie sich ihretwegen Sorgen machen ...«

Wie er seine Frau kannte, war sie sicher in die erstbeste Apotheke gegangen, um das Medikament zu kaufen. Der Anruf war am Morgen gekommen. Mittags hatte er Madame Maigret heimlich beobachtet, doch sie hatte in seiner Gegenwart keine Tablette genommen. Abends auch nicht. Er hatte nach einem kleinen Glasfläschchen oder nach einer Schachtel gesucht, erst in den Schubladen des Büfetts, dann, mit argloser Miene, in der Küche.

Wo hatte sie nur ihr Medikament versteckt? Sie hatte weniger gegessen und sogar den Nachtisch weggelassen, obwohl sie sonst darauf so versessen war.

»Ich glaube, ich muß ein bißchen abnehmen«, hatte sie scherzend angekündigt. »Langsam platze ich aus allen Nähten ...«

Er vertraute Pardon. Er regte sich nicht auf. Doch es plagte ihn trotzdem, oder, genauer gesagt, es machte ihn ein wenig melancholisch.

Zuerst er, im vergangenen Jahr, mit drei Wochen vollständiger Ruhepause. Jetzt seine Frau. Das bedeutete, daß sie ganz langsam jenes Alter erreicht hatten, in dem die harmlosen Beschwerden einsetzten und kleine »Reparaturen« nötig wurden, fast so ähnlich wie bei den Autos, die ganz plötzlich beinahe jede Woche in die Werkstatt müssen.

Nur, für die Autos kauft man Ersatzteile. Man kann sogar einen neuen Motor einbauen.

In dem Moment, in dem der Bürodiener an seine Tür klopfte, die er wie gewöhnlich öffnete, ohne eine Antwort abzuwarten, war sich Maigret gar nicht bewußt, daß er diesen Gedanken nachhing. Er hob den Kopf von seinem Aktenordner und sah den alten Joseph mit großen, scheinbar verschlafenen Augen an.

»Was ist?«

»Jemand, der darauf besteht, mit Ihnen persönlich zu sprechen.«

Und Joseph, der beim Gehen keinerlei Geräusch verursachte, legte einen Zettel auf die Ecke des Schreibtischs.

Maigret las einen mit Bleistift hingekritzelten Namen, aber da ihm dieser Name nichts sagte, achtete er nicht auf ihn. Später sollte er sich nur mehr daran erinnern, daß es ein zweisilbiger Name war, der wahrscheinlich mit einem M begann. Nur der Vorname, Xavier, blieb ihm im Gedächtnis, weil sein erster Chef am Quai des Orfèvres auch so geheißen hatte, der alte Xavier Guichard.

Unter den vorgedruckten Worten *Zweck des Besuchs* stand so etwas wie: ›muß sich unbedingt mit Kommissar Maigret unterhalten‹.

Joseph wartete ungerührt. Im Büro war es zwar düster genug, um das Licht einzuschalten, aber der Kommissar hatte nicht daran gedacht.

»Empfangen Sie ihn?«

Er nickte zustimmend und zuckte dabei leicht mit den Schultern. Warum nicht? Gleich darauf wurde ein Besucher um die Vierzig hereingeführt, dessen Aussehen nichts Besonderes aufwies und der irgendeiner von den Tausenden von Männern hätte sein können, die man um sechs Uhr abends mit schnellen Schritten zur nächstgelegenen Metrostation eilen sieht.

»Entschuldigen Sie bitte, daß ich Sie störe, Herr Kommissar ...«

»Nehmen Sie Platz!«

Der Besucher war ein wenig nervös, allerdings nicht übermäßig, eher ein bißchen aufgeregt, wie so viele andere, die vor ihm dieses Büro betreten hatten. Er trug einen dunklen Mantel, den er aufknöpfte, ehe er sich setzte, ließ seinen Hut zunächst auf seinen Knien liegen und legte ihn etwas später dann neben seine Füße auf den Teppich.

Dann lächelte er, es war ein mechanisches Lächeln, zweifellos ein Zeichen seiner Befangenheit. Nachdem er sich geräuspert hatte, begann er zu sprechen:

»Das Schwierigste ist doch der Anfang, nicht wahr? Selbstverständlich habe ich, wie jeder, ich weiß nicht wie viele Male in Gedanken wiederholt, was ich Ihnen sagen werde, aber jetzt, wo es soweit ist, bin ich ganz durcheinander ...«

Ein erneutes Lächeln heischte um Zustimmung oder um eine Ermunterung des Kommissars. Dessen Interesse war jedoch noch nicht geweckt. Der Mann kam in einem ungünstigen Moment, in dem Maigret geistig vor sich hin döste.

»Sie bekommen wahrscheinlich sehr oft Besuch von solchen Leuten, die Ihnen ihre kleinen Sorgen erzählen, weil sie sich für interessant halten.«

Er war dunkelhaarig, nicht schlecht aussehend, auch wenn seine Nase ein wenig schief stand und die Unterlippe zu wulstig war.

»Ich kann Ihnen versichern, daß das bei mir nicht der Fall ist und daß ich lange gezögert habe, einen so vielbeschäftigten Mann wie Sie zu stören.«

Er mußte ein mit Aktenordnern vollgestopftes Büro erwartet haben, in dem zwei oder drei Telefone gleichzeitig klingelten, Inspektoren ein und aus gingen und mehrere Zeugen oder Tatverdächtige auf Stühlen kauerten. So etwas Ähnliches hätte er übrigens an einem anderen Tag hier vorgefunden, aber seine Enttäuschung entlockte dem Kommissar, der an gar nichts zu denken schien, kein Lächeln.

Genaugenommen betrachtete er den Anzug seines Gegenübers, sagte sich, daß er aus gutem Stoff war und vermutlich von einem Schneider aus seinem Viertel stammte. Ein Anzug in beinahe schwarzem Grau. Schwarze Schuhe. Eine neutrale Krawatte.

»Erlauben Sie mir zu beteuern, Herr Kommissar, daß ich nicht verrückt bin. Ich weiß nicht, ob Sie Doktor Steiner von der Place Denfert-Rochereau kennen. Er ist Neurologe, was wohl mehr oder weniger ein Synonym für Psychiater ist, und er ist mehrmals als Sachverständiger bei Schwurgerichtsprozessen gehört worden.«

Maigrets buschige Augenbrauen hoben sich ein wenig, aber nicht übermäßig.

»Sind Sie bei Steiner gewesen?«

»Ich habe ihn um eine Konsultation gebeten, ja, und nebenbei möchte ich erwähnen, daß eine Untersuchung bei ihm eine Stunde dauert und daß er nichts dem Zufall überläßt. Er hat nichts gefunden. Er betrachtet mich als vollkommen normal. Was meine Frau betrifft, die er nicht gesehen hat...«

Er hielt inne, denn sein Monolog verlief nicht ganz so, wie er ihn geprobt hatte, und er bemühte sich, die Worte wiederzufinden, die er sich zurechtgelegt hatte. Ganz unbewußt hatte er ein Päckchen Zigaretten aus der Tasche gezogen, und nun wagte er nicht zu fragen, ob er rauchen durfte.

»Sie dürfen«, sagte Maigret.

»Ich danke Ihnen.«

Seine Finger waren ein wenig ungeschickt. Er war nervös.

»Entschuldigen Sie bitte. Ich wollte mich besser beherrschen. Aber ich kann nichts dafür, daß ich aufgeregt bin. Es ist das erste Mal, daß ich Sie leibhaftig vor mir sehe, so mir nichts, dir nichts, in Ihrem Büro, mit Ihren Pfeifen...«

»Darf ich Sie fragen, welchen Beruf Sie ausüben?«

»Damit hätte ich eigentlich anfangen sollen. Es ist kein alltäglicher Beruf, und Sie werden vielleicht darüber lächeln, wie viele Leute. Ich arbeite in den Grands Magasins du Louvre, in der Rue de Rivoli. Offiziell nenne ich mich erster Verkäufer in der Spielwarenabteilung. Ich kann Ihnen sagen, zu Weihnachten war ich vollkommen erledigt. Aber eigentlich habe ich mich auf etwas spezialisiert, was den Großteil meiner Tätigkeit ausmacht: Ich betreue die elektrischen Eisenbahnen.«

Man hätte meinen können, daß er sich über den Zweck seines Besuchs ebenso hinwegsetzte wie über den Ort, an dem er sich befand, um ungeniert über sein Lieblingsthema zu reden.

»Sind Sie im Dezember mal an den Magasins du Louvre vorbeigegangen?«

Maigret sagte weder ja noch nein. Er entsann sich nicht mehr. Er erinnerte sich nur noch verschwommen an ein riesiges, leuchtendes Bild, als Teil der Fassade, aber er hätte nicht mehr sagen können, was die beweglichen, bunten Figuren darstellten.

»Wenn je, dann haben Sie im dritten Schaufenster der Rue de Rivoli eine genaue Nachbildung der Gare Saint-Lazare gesehen, mit all ihren Geleisen, mit ihren Vorortbahnen und ihren Eilzügen, ihren Signalen und Stellwerken. Das hat mich drei Monate Arbeit gekostet, und ich mußte in die Schweiz und nach Deutschland reisen, um einen Teil des Materials einzukaufen. Das mag Ihnen kindisch vorkommen, aber wenn ich Ihnen erzählte, welchen Umsatz wir allein mit elektrischen Eisenbahnen erzielen… Und glauben Sie bloß nicht, daß unsere Kundschaft nur aus Kindern besteht. Auch Erwachsene, darunter Männer in bedeutenden Positionen, schwärmen für elektrische Eisenbahnen, und ich werde oft in herrschaftliche Häuser gerufen, um…«

Er stockte wieder.

»Langweile ich Sie?«

»Nein.«

»Hören Sie mir zu?«

Maigret nickte. Sein Besucher war etwa vierzig bis fünfundvierzig Jahre alt und trug einen Ehering aus Rotgold, flach und breit, beinahe den gleichen wie der Kommissar. Außerdem hatte er eine Krawattennadel in der Form eines Eisenbahnsignals angesteckt.

»Ich weiß nicht mehr, wo ich stehengeblieben war. Selbstverständlich habe ich Sie nicht aufgesucht, um mit Ihnen über elektrische Eisenbahnen zu reden, und mir wird gerade klar, daß ich Ihre Zeit vergeude. Allerdings ist es auch nötig, daß Sie sich ein Bild von mir machen können, nicht wahr? Dazu muß ich Ihnen noch sagen, daß ich in der Avenue de Châtillon wohne, in der Nähe der Kirche Saint-Pierre de Montrouge, im 14. Arrondissement, und zwar schon seit achtzehn Jahren. Nein: seit neunzehn... Das heißt, im März werden es neunzehn Jahre... Ich bin verheiratet...«

Er bedauerte zutiefst, daß er solche Umschweife machte, daß er auf zu viele Einzelheiten eingehen mußte. Man merkte ihm an, wie er die Gedanken, die ihm kamen, abwog, wie er sich fragte, ob sie wichtig oder unwichtig wären, und sie danach aussprach oder wieder verwarf.

Er sah auf die Uhr.

»Gerade deshalb, weil ich verheiratet bin...«

Er lächelte, als wollte er sich entschuldigen.

»Es wäre leichter, wenn Sie Fragen stellten, aber das können Sie nicht, weil Sie ja nicht wissen, worum es geht...«

Es fehlte nicht viel, und Maigret hätte sich Vorwürfe gemacht, daß er so unbeweglich war. Er konnte nichts dafür. Es war physisch bedingt. Er hatte Mühe, sich für das zu interessieren, was ihm da erzählt wurde, und er bedauerte, daß er Joseph erlaubt hatte, den Besucher hereinzubringen.

»Ich höre Ihnen zu...«

Er stopfte eine Pfeife, um sich zu beschäftigen, dann warf er einen Blick aus dem Fenster, hinter dem nur fahles Grau zu sehen war. Wie der ausgebleichte Bühnenhimmel eines Provinztheaters.

»Ich möchte vor allem betonen, daß ich keine Anzeige erstatten will, Herr Kommissar. Ich liebe meine Frau. Es sind jetzt zwölf Jahre, daß Gisèle und ich verheiratet sind, und wir haben uns sozusagen niemals gezankt. Ich habe mit Doktor Steiner darüber gesprochen, nachdem er mich untersucht hatte, und er hat mir besorgt geantwortet: ›Ich hätte gern, daß Sie mit Ihrer Frau herkämen.‹

Nur, unter welchem Vorwand soll ich Gisèle bitten, mich zu einem Neurologen zu begleiten? Ich kann nicht einmal behaupten, sie sei verrückt, denn sie macht nach wie vor ihre Arbeit, ohne daß sich jemand darüber beklagte.

Sehen Sie, ich bin nicht besonders gebildet. Ich bin als Fürsorgezögling aufgewachsen, und ich mußte mir alles selbst beibringen. Was ich weiß, habe ich aus Büchern gelernt, am Feierabend.

Ich interessiere mich für alles, nicht nur für elektrische Eisenbahnen, wie man vielleicht glauben könnte, und ich halte Wissen für das kostbarste Gut des Menschen.

Entschuldigen Sie bitte, daß ich das so sage. Ich will damit nur zum Ausdruck bringen, daß ich, als Gisèle anfing, sich mir gegenüber anders zu verhalten, in Bibliotheken gegangen bin, sogar in die Nationalbibliothek, und in Büchern nachgeschlagen habe, die für mich zu teuer gewesen wären. Im übrigen hätte sich meine Frau Gedanken darüber gemacht, wenn sie sie zu Hause gefunden hätte...«

Daß Maigret diesen Ausführungen mehr oder minder folgte, zeigte sich darin, daß er plötzlich fragte:

»Bücher über Psychiatrie?«

»Ja. Ich behaupte nicht, ich hätte alles verstanden. Die meisten sind in einer Sprache geschrieben, die mir zu hoch ist. Nichtsdestoweniger habe ich Bücher über Neurosen und Psychosen gefunden, die mir zu denken gegeben haben. Sie kennen doch den Unterschied zwischen Neurose und Psychose? Ich habe mich auch über Schizophrenie informiert, aber ich glaube, ehrlich gesagt, so weit geht es nicht...«

Maigret dachte an seine eigene Frau, an Pardon, dabei betrachtete er einen kleinen braunen Grützbeutel im Mundwinkel seines Besuchers.

»Wenn ich recht verstehe, hegen Sie den Verdacht, daß Ihre Frau nicht ganz normal ist?«

Das war der große Augenblick, der Mann erbleichte ein wenig und schluckte zwei- oder dreimal, ehe er, anscheinend nach Worten suchend und ihren Sinn abwägend, erklärte:

»Ich bin überzeugt davon, daß meine Frau seit einigen Monaten, fünf oder sechs sind's mindestens, die Absicht hat, mich zu töten. Das ist es, Herr Kommissar, warum ich Sie persönlich aufgesucht habe. Ich habe keine sicheren Beweise, sonst hätte ich damit angefangen. Doch ich bin bereit, Ihnen die Indizien zu liefern, über die ich verfüge und die zweierlei sind. Da gibt es zunächst die Indizien moralischer Natur, die, wie Sie sicher verstehen werden, am schwersten zu erklären sind, denn es sind vor allem Nichtigkeiten, die an sich keine große Bedeutung haben, die alle zusammen aber schließlich doch einen Sinn ergeben.

Was die greifbaren Indizien betrifft, da gibt es eins, das ich Ihnen mitgebracht habe und das mich am meisten beunruhigt...«

Er schlug erst seinen Mantel, dann sein Jackett auf, zog seine Brieftasche hervor und entnahm ihr ein gefaltetes Papiertütchen,wie es manche Apotheker bis heute für das Pulver gegen Kopfschmerzen verwenden. Es enthielt tatsächlich ein Pulver, ein schmutzigweißes Pulver.

»Sie können diese Probe behalten und analysieren lassen. Bevor ich zu Ihnen kam, habe ich einen Verkäufer aus dem Louvre, der sich für Chemie begeistert und sich ein richtiges Labor eingerichtet hat, um eine Analyse davon gebeten. Für ihn gab es keinen Zweifel. Es handelt sich um ein Phosphid. Nicht etwa um ein Phosphat, wie man vielleicht meinen könnte, sondern um ein Phosphid, ich habe es im Lexikon nachgeschlagen. Doch ich habe mich nicht mit dem Larousse begnügt. Ich habe auch in Chemiebüchern nachgelesen. Zinkphosphid ist ein nahezu farbloses Pulver, das äußerst giftig ist. Früher hat man es in verschwindend geringen Dosen als Arznei gegen bestimmte Krankheiten verwendet, und gerade deshalb, weil es so giftig ist, wird es wohl nicht mehr eingesetzt.«

Er machte eine Pause, ein wenig verwirrt, da er einen immer noch teilnahmslosen und scheinbar geistesabwesenden Maigret vor sich hatte.

»Meine Frau beschäftigt sich nicht mit Chemie. Sie ist bei keinem Arzt in Behandlung. Sie hat keine der Krankheiten, gegen die man notfalls Zinkphosphid verschreiben könnte. Nun habe ich aber nicht nur wenige Gramm davon zu Hause gefunden, sondern eine Glasflasche, die mindestens fünfzig Gramm enthält. Sie ist mir übrigens ganz zufällig in die Hände gefallen. Ich habe im Erdgeschoß eine Art Werkstatt, wo ich an verkleinerten Modellen für meine Schaufenster arbeite und wo ich bescheidene technische Versuche anstelle. Es handelt sich dabei nur um Spielsachen, na schön, aber wie ich Ihnen bereits gesagt habe, bedeuten Spielsachen...«

»Ich weiß.«

»Eines Tages, als meine Frau nicht da war, habe ich auf meiner Werkbank einen Topf Leim umgestoßen. Ich machte den Schrank auf, in dem wir Besen und Putzmittel aufbewahren. Während ich nach einem Fleckenwasser suchte, fiel mir ganz zufällig eine Flasche ohne Etikett in die Hände, deren Form mir seltsam vorkam.

Wenn Sie nun diese Entdeckung damit in Verbindung bringen, daß ich im Laufe der letzten Monate zum erstenmal in meinem Leben gewisse Beschwerden hatte, die ich Doktor Steiner geschildert habe...«

Das Telefon auf dem Schreibtisch klingelte, Maigret hob ab und erkannte die Stimme des Direktors der Kriminalpolizei.

»Sind Sie's, Maigret? Haben Sie ein paar Minuten Zeit? Ich möchte Ihnen gern einen amerikanischen Kriminologen vorstellen, der in meinem Büro ist und sich sehnlich wünscht, Ihnen die Hand zu drücken...«

Nachdem er den Hörer wieder aufgelegt hatte, sah Maigret sich um. Auf dem Schreibtisch lag nichts Vertrauliches. Sein Besucher schien kein gefährlicher Mann zu sein.

»Entschuldigen Sie mich bitte? Ich bin in ein paar Minuten wieder zurück.«

»Ich bitte Sie...«

Dennoch blieb er an der Tür unwillkürlich stehen, ging noch einmal durchs Büro und öffnete, wie er es für gewöhnlich tat, die Tür zum Zimmer der Inspektoren. Aber er erteilte ihnen keine besondere Anweisung. Er dachte nicht daran.

Augenblicke später stieß er die gepolsterte Tür zum Büro des Chefs auf. Ein großer Kerl mit roten Haaren erhob sich aus seinem Sessel, schüttelte dem Kommissar energisch die Hand und sagte in beinahe akzentfreiem Französisch:

»Es ist eine große Freude für mich, Sie, Monsieur Maigret, leibhaftig vor mir zu sehen. Als Sie bei uns in Amerika waren, da habe ich Sie verpaßt, denn ich war gerade in San Francisco, und Sie sind nicht bis zu uns gereist. Mein Freund Fred Ward, der Sie in New York empfangen und nach Washington begleitet hat, hat mir aufregende Dinge von Ihnen erzählt.«

Mit einer Handbewegung forderte der Direktor Maigret auf, sich zu setzen.

»Ich hoffe, ich störe Sie nicht gerade mitten in einem dieser Verhöre, die uns Amerikanern so erstaunlich vorkommen?«

Der Kommissar beruhigte ihn. Der Gast des Chefs hielt ihm seine Zigaretten hin, dann besann er sich.

»Ich hab im Moment nicht daran gedacht, daß Sie ein passionierter Pfeifenraucher sind...«

Das spielte sich immer wieder ab, und es waren immer

die gleichen Sätze, die gleichen Fragen, die gleiche übertriebene und peinliche Bewunderung. Maigret, der es verabscheute, wie ein Phänomen betrachtet und beobachtet zu werden, machte gute Miene zum bösen Spiel und setzte in solchen Momenten ein besonderes Lächeln auf, das seinen Chef ungemein amüsierte.

Eine Frage führte zur nächsten. Man fachsimpelte, dann wurde die Erinnerung an berühmte Fälle wachgerufen, zu denen er seine Meinung abgeben sollte.

Es war nicht zu vermeiden, daß sie auf seine Methoden zu sprechen kamen, was ihn immer verdroß, denn wie er wieder und wieder behauptete, ohne daß es ihm je gelungen wäre, die Legenden zu zerstören, hatte er nie besondere Methoden gehabt.

Um ihn zu erlösen, stand der Direktor auf und sagte:

»Wenn Sie wollen, könnten wir jetzt hinaufgehen und unser Museum besichtigen ...«

Das gehörte zu allen derartigen Besuchen dazu, und Maigret konnte, nachdem ihm der Amerikaner wieder mit größerer Kraft, als er sie je aufbrachte, die Hand beinahe zermalmt hatte, in sein Büro zurückkehren.

Überrascht blieb er auf der Türschwelle stehen, denn in dem Sessel, den er seinem Verkäufer elektrischer Eisenbahnen zugewiesen hatte, saß niemand mehr. Das Büro war leer, bis auf den Zigarettenrauch, der noch auf halber Höhe unter der Decke hing.

Er ging ins Inspektorenbüro hinüber.

»Ist er gegangen?«

»Wer?«

Janvier und Lucas spielten Karten, was keine dreimal im

Jahr vorkam, wenn sie nicht gerade die ganze Nacht Wache halten mußten.

»Schon gut... Ist nicht so wichtig...«

Er trat auf den Flur hinaus, wo der alte Joseph Zeitung las.

»Ist mein Besucher gegangen?«

»Ist noch nicht lange her. Er kam aus Ihrem Büro heraus und sagte, er könne nicht mehr bleiben, weil er unbedingt ins Warenhaus zurückmüsse, wo man auf ihn warte. Hätte ich ihn...?«

»Nein. Ist nicht weiter schlimm.«

Es stand dem Mann frei zu gehen, da ihn ja niemand aufgefordert hatte herzukommen.

In diesem Augenblick merkte Maigret, daß er seinen Namen vergessen hatte.

»Joseph, Sie wissen wohl auch nicht mehr, wie er heißt?«

»Ich muß zugeben, Herr Kommissar, daß ich seinen Besucherzettel nicht angeschaut habe.«

Maigret ging in sein Büro zurück, setzte sich wieder und vertiefte sich erneut in seinen Bericht, der nichts Fesselndes an sich hatte. Man hätte meinen können, die Heizung spiele verrückt, denn die Radiatoren waren noch nie so heiß gewesen, und es waren beängstigende Geräusche zu hören. Beinahe wäre er aufgestanden, um am Regulierventil zu drehen, brachte es jedoch nicht über sich und griff zum Telefon.

Er wollte in den Magasins du Louvre anrufen und sich nach dem Chef der Spielwarenabteilung erkundigen. Aber wenn er das tat, würde man sich dort nicht fragen, warum sich die Polizei plötzlich für ein Mitglied der Belegschaft interessierte? Riskierte Maigret damit nicht, seinem Besucher zu schaden?

Er arbeitete noch ein wenig, dann hob er beinahe mechanisch den Hörer ab.

»Würden Sie bitte versuchen, mich mit einem gewissen Doktor Steiner an der Place Denfert-Rochereau zu verbinden?«

In weniger als zwei Minuten schrillte das Telefon.

»Doktor Steiner ist am Apparat.«

»Entschuldigen Sie bitte, daß ich Sie störe, Doktor... Hier spricht Maigret... Der Kommissar der Kriminalpolizei, ja... Ich glaube, Sie hatten kürzlich einen Patienten, dessen Vorname Xavier lautet und dessen Familienname mir entfallen ist...«

Der Arzt am anderen Ende der Leitung schien sich nicht an ihn zu erinnern.

»Er hat beruflich mit Spielsachen zu tun... Besonders mit elektrischen Eisenbahnen... Er will Sie aufgesucht haben, um sich zu vergewissern, daß er nicht verrückt ist, und dann mit Ihnen über seine Frau gesprochen haben...«

»Einen Moment bitte. Ich muß in meiner Kartei nachsehen.«

Maigret hörte ihn zu jemandem sagen:

»Mademoiselle Berthe, wären Sie so freundlich...«

Er mußte sich vom Apparat entfernt haben, denn man hörte nichts mehr, und die Stille dauerte ziemlich lange, sogar so lange, daß Maigret meinte, die Verbindung sei unterbrochen worden.

Seiner Stimme nach zu urteilen, war Steiner ein ziemlich

kühler und zweifellos hochmütiger Mensch, der sich seiner Bedeutung auf jeden Fall bewußt war.

»Darf ich Sie fragen, Kommissar, aus welchem Grund Sie mich angerufen haben?«

»Weil dieser Herr vorhin in meinem Büro war, und weil er gegangen ist, bevor wir unser Gespräch beendet hatten. Nun habe ich aber, während ich ihm zuhörte, den Zettel, auf den er seinen Namen geschrieben hatte, in kleine Schnipsel zerrissen.«

»Hatten Sie ihn vorgeladen?«

»Nein.«

»Unter welchem Verdacht steht er?«

»Unter keinem. Er ist von sich aus gekommen, um mir seine Geschichte zu erzählen.«

»Ist etwas passiert?«

»Das glaube ich nicht. Er hat von gewissen Befürchtungen geredet, die er Ihnen wohl mitgeteilt hat...«

Unter hundert Ärzten gibt es höchstens einen, der sich als so wenig kooperativ erweist, und ausgerechnet an den war Maigret geraten.

»Sie wissen sicher«, sagte Steiner, »daß mir das Berufsgeheimnis verbietet...«

»Doktor, ich bitte Sie nicht, das Berufsgeheimnis zu verletzen. Ich bitte Sie hauptsächlich um den Familiennamen dieses Xavier. Ich kann ihn sofort erfahren, wenn ich in den Grands Magasins du Louvre anrufe, wo er arbeitet, aber ich habe mir gedacht, daß ich damit riskiere, ihm bei seinen Vorgesetzten zu schaden.«

»Das ist in der Tat wahrscheinlich.«

»Ich weiß ebenfalls, daß er in der Avenue de Châtillon

wohnt, und meine Männer würden seinen Namen auch herausfinden, wenn sie sich dort bei den Concierges umhörten. Auch diese Methode würde für Ihren Patienten vielleicht von Nachteil sein, wenn sie übles Gerede auslöste.«

»Ich verstehe.«

»Nun?«

»Er heißt Marton, Xavier Marton«, erklärte der Neurologe widerwillig.

»Wann hat er Sie aufgesucht?«

»Ich glaube, daß ich auch diese Frage beantworten kann. Vor etwa drei Wochen, am 21. Dezember, genau gesagt...«

»Also in einer Zeit, in der ihn das Weihnachtsgeschäft stark in Anspruch genommen hat. Er war wohl überreizt?«

»Wie bitte?«

»Hören Sie, Doktor, noch einmal: Ich bitte Sie nicht, irgendein Geheimnis preiszugeben. Wir haben, wie Sie wissen werden, wirksame Mittel, die Dinge in Erfahrung zu bringen.«

Schweigen am anderen Ende der Leitung, ein mißbilligendes Schweigen, hätte Maigret geschworen. Doktor Steiner dürfte die Polizei nicht gerade lieben.

»Xavier Marton, denn um Marton handelt es sich«, fuhr Maigret fort, »hat sich in meinem Büro wie ein normaler Mensch benommen. Dennoch...«

»Dennoch?« wiederholte der Arzt.

»Ich bin kein Psychiater, und nachdem ich ihm zugehört habe, möchte ich gern wissen, ob ich es mit einem Geistesgestörten zu tun gehabt habe oder ob...«

»Was nennen Sie einen Geistesgestörten?«

Maigret hatte einen roten Kopf und umklammerte den Hörer mit drohend geballter Faust.

»Wenn Sie Verantwortung tragen, Doktor, und wenn Sie an ein Berufsgeheimnis gebunden sind, zu dessen Verletzung ich Sie keineswegs zu bewegen versuche, dann tragen wir auch unsere Verantwortung. Mir ist der Gedanke unangenehm, daß ich einen Mann aus meinem Büro weggehen ließ, der vielleicht schon morgen...«

»Ich habe ihn aus meinem Sprechzimmer auch weggehen lassen.«

»Also betrachten Sie ihn nicht als verrückt?«

Wieder Schweigen.

»Was halten Sie von dem, was er Ihnen von seiner Frau gesagt hat? Hier hatte er nicht genügend Zeit, seine Geschichte fertigzuerzählen...«

»Seine Frau habe ich nicht untersucht.«

»Und nach dem, was er Ihnen berichtet hat, haben Sie da keine Ahnung von...«

»Keine Ahnung.«

»Können Sie mir sonst noch etwas sagen?«

»Nichts, ich bedaure. Entschuldigen Sie mich jetzt? Ich habe einen Patienten hier, der ungeduldig wird.«

Maigret legte auf, als wollte er den Apparat auf dem Kopf des Arztes zertrümmern.

Dann verflog seine Wut beinahe schlagartig, er zuckte die Schultern und lächelte schließlich sogar.

»Janvier!« rief er so laut, daß es im Raum nebenan zu hören war.

»Ja, Chef.«

»Du machst dich jetzt auf den Weg in die Grands Magasins du Louvre und gehst in das Stockwerk mit den Spielsachen hinauf. Tu so, als wärst du ein Kunde. Dort suchst du einen Mann, der der Abteilungsleiter sein müßte, vierzig bis fünfundvierzig Jahre alt, dunkelhaarig, mit einem behaarten Grützbeutel im linken Mundwinkel.«

»Was soll ich ihn fragen?«

»Nichts. Wenn der Abteilungsleiter dieser Beschreibung entspricht, dann heißt er Xavier Marton, und das ist alles, was ich wissen will. Übrigens, interessiere dich, solange du dort bist, so für elektrische Eisenbahnen, daß du ihn zum Reden bringst! Beobachte ihn genau! Das ist alles.«

»Haben Sie sich vorhin am Telefon über ihn unterhalten?«

»Ja. Hast du es gehört?«

»Sie wollen also wissen, ob er verrückt ist?«

Maigret zuckte nur die Schultern. An einem anderen Tag hätte er sich vielleicht nur wenige Minuten lang über den Besuch von Marton Gedanken gemacht. Bei der Kriminalpolizei ist man ja daran gewöhnt, Verrückte und Halbverrückte zu empfangen, wunderliche Käuze, Leute, die Geschichten erfinden, männliche und weibliche Wesen, die sich berufen fühlen, die Welt vor dem Untergang zu bewahren, und solche, die davon überzeugt sind, daß mysteriöse Feinde ihnen nach dem Leben trachten oder es auf ihre Geheimnisse abgesehen haben.

Die Sonderbrigade, die ›Kripo‹, wie man sie gewöhnlich nennt, ist keine psychiatrische Klinik, und wenn sie sich mit diesen Leuten befaßt, so geschieht es fast nur dann, wenn sie letzten Endes die Gesetze brechen, was zum Glück nicht aus heiterem Himmel passiert.

Es war kurz vor Mittag. Er spielte mit dem Gedanken, Pardon anzurufen, sagte sich, daß es nicht der Mühe wert sei, daß an dem vormittäglichen Besuch nichts Beunruhigenderes gewesen sei als an hundert anderen Besuchen dieser Art, die er schon erhalten hatte.

Warum dachte er an die Tabletten, die seine Frau zu jeder Mahlzeit einnehmen sollte? Wegen des Zinkphosphids, das Xavier Marton angeblich im Besenschrank gefunden hatte? Wo versteckte Madame Maigret bloß ihre Tabletten, um ihren Mann nicht zu beunruhigen?

Neugierig geworden, nahm er sich vor, überall zu suchen. Sie mußte lange darüber nachgedacht und ein raffiniertes Versteck gefunden haben, auf das er nicht käme.

Das würde sich schon noch zeigen. Einstweilen schloß er seinen Aktendeckel und raffte sich endlich auf, die Heizung halb zurückzudrehen, weil er Bedenken hatte, das Fenster während der Mittagspause offenzulassen.

Beim Hinausgehen fiel sein Blick auf das Tütchen mit dem weißen Pulver auf seinem Schreibtisch, und er brachte es Lucas.

»Gib das ins Labor. Sie sollen mir heute nachmittag Bescheid geben, was es ist.«

Draußen am Quai war es unerwartet kalt, er schlug den Kragen seines Mantels hoch, vergrub die Hände in den Taschen und machte sich auf den Weg zur Bushaltestelle.

Dieser Doktor Steiner behagte ihm ganz und gar nicht, und an ihn dachte er weit mehr als an den Fachmann für elektrische Eisenbahnen.

2

Der Versicherungsvertreter

Wie an allen anderen Tagen in soundso vielen Jahren brauchte er nicht an die Tür zu klopfen, sie öffnete sich in dem Moment, in dem er die Fußmatte betrat, und er entsann sich nicht, daß er jemals die elektrische Klingel benutzt hätte.

»Du kommst früh heute«, bemerkte seine Frau.

Und gleich darauf runzelte sie fast unmerklich die Stirn, wie immer, wenn sie sah, daß ihn etwas bedrückte. Auch das entging ihr nie. Sie nahm die geringste Veränderung in seiner Stimmung wahr, und wenn sie ihm auch keine direkten Fragen stellte, so versuchte sie dennoch herauszufinden, was ihn plagte.

Im Augenblick war es jedoch nicht der Mann mit den elektrischen Eisenbahnen. An ihn mochte er im Bus gedacht haben, aber das, was ihn nun so bekümmert aussehen ließ, was ihm sogar einen Anflug von Melancholie bescherte, das war eine Erinnerung, die in ihm aufgestiegen war, als er auf dem Treppenabsatz im zweiten Stock einen Moment stehengeblieben war. Im vergangenen Winter hatte ihn die alte Frau, die unter ihnen wohnte, einmal angesprochen, als er ihr vor der Loge der Concierge begegnet war und an seinen Hut getippt hatte:

»Sie sollten zum Arzt gehen, Monsieur Maigret.«

»Finden Sie, daß ich schlecht aussehe?«

»Nein. Darauf hab ich gar nicht geachtet. Es ist Ihr Schritt im Treppenhaus. Seit einiger Zeit ist er schwerer geworden, und alle drei oder vier Stufen stocken Sie.«

Er hatte zwar nicht ihretwegen einige Wochen später Pardon aufgesucht, aber sie hatte dennoch recht gehabt. Würde er seiner Frau erklären, daß er wegen dieser Erinnerung mit seinen Gedanken weit weg zu sein schien?

Sie hatte den Tisch noch nicht gedeckt. Wie gewöhnlich wanderte er im Eßzimmer und im Salon umher, und beinahe unbewußt begann er Schubladen aufzuziehen, hob den Deckel des Nähkästchens und schaute in eine rote Lackdose hinein, in der sie Krimskrams aufbewahrten.

»Suchst du etwas?«

»Nein.«

Er suchte das Medikament. Das ließ ihm keine Ruhe. Er fragte sich, ob er das Versteck je finden würde.

Im übrigen hatte er, alles in allem, wirklich nicht den gewohnten Schwung. Aber stand ihm denn nicht, wie jedem anderen auch, das Recht zu, an einem grauen, kalten Wintertag mürrisch zu sein? Er war es schon vom frühen Morgen an gewesen und empfand es gar nicht so unangenehm. Man kann doch durchaus einmal brummig sein, ohne sich deshalb unglücklich zu fühlen.

Es gefiel ihm nicht, daß seine Frau ihn verstohlen beobachtete. Das verursachte ihm Schuldgefühle, obwohl er sich nichts hatte zuschulden kommen lassen. Was hätte er ihr erzählen können, um sie zu beruhigen? Daß Pardon ihn über ihren Besuch informiert hatte?

Im Grunde, dessen wurde er sich erst allmählich bewußt, war er verärgert, sogar ein bißchen traurig. Wegen seines Besuchers vom Vormittag. Das sind so die kleinen, persönlichen Geheimnisse, die man niemandem anvertraut und die man sich auch selbst nicht gern eingesteht.

Dieser Bursche war, sosehr er auch Fachmann für elektrische Eisenbahnen sein mochte, doch keine dieser Nervensägen, von denen man so viele am Quai des Orfèvres aufmarschieren sieht. Er hatte ein Problem. Er hatte sich entschlossen, es offen vor Maigret auszubreiten. Nicht vor irgendeinem Polizisten. Sondern vor Maigret.

Doch als der in sein Büro zurückkehrte, nachdem sein Chef ihn wegen des Amerikaners gerufen hatte, war Xavier Marton nicht mehr da.

Er war gegangen, ohne ihm alles anvertraut zu haben. Warum? Hatte er es wirklich so eilig gehabt? Lag es nicht eher daran, daß er enttäuscht worden war?

Er hatte sich, ehe er gekommen war, eine bestimmte Vorstellung vom Kommissar gemacht. Er mußte Verständnis erwartet haben, einen direkten menschlichen Kontakt. Vorgefunden hatte er dagegen einen ziemlich behäbigen, von der Wärme der überhitzten Radiatoren benommenen Mann, der ihn, ohne ihn im geringsten zu ermutigen, mit düsterer oder gelangweilter Miene betrachtet hatte.

Das war nicht weiter schlimm, sei's drum. Nur ein Schatten, der vorüberzog. In einer Weile würde Maigret nicht mehr daran denken. Und bei Tisch sprach er absichtlich von etwas ganz anderem.

»Meinst du nicht, wir sollten langsam ein Hausmädchen einstellen? Im sechsten Stock haben wir doch ein Zimmer, das nie benutzt wurde …«

»Was soll sie denn machen?«

»Na, die Arbeit natürlich! Sagen wir, das Grobe.«

Er wäre besser beraten gewesen, gerade dieses Thema nicht anzuschneiden.

»Schmeckt dir das Essen nicht?«

»Doch, doch. Nur, du überanstrengst dich.«

»Ich habe eine Putzfrau, die zweimal in der Woche vormittags zum Saubermachen kommt. Kannst du mir verraten, womit ich meine Tage verbringen sollte, wenn ich ein Hausmädchen hätte?«

»Du könntest spazierengehen.«

»Ganz allein?«

»Was hindert dich daran, Freundinnen zu haben?«

Na schön! Jetzt war seine Frau traurig. Für sie sah es ein bißchen so aus, als wollte er ihr eines ihrer Vorrechte streitig machen, und zwar das, das ihr am meisten am Herzen lag.

»Findest du, daß ich alt werde?«

»Wir werden alle alt. Das ist es nicht, was ich damit sagen will. Mir schien nur...«

Es gibt solche Tage, an denen man alles falsch macht, auch wenn man es noch so gut meint. Nach dem Essen ging er ans Telefon und wählte eine Nummer. Eine vertraute Stimme meldete sich. Er fragte:

»Sind Sie's, Pardon?«

Da wurde ihm klar, daß er schon wieder unnötig grausam war. Seine Frau sah ihn entsetzt an und fürchtete, er hätte ihr Geheimnis entdeckt.

»Hier ist Maigret...«

»Ist etwas nicht in Ordnung?«

»Nein, nein. Mir geht es sehr gut...«

Schnell fügte er hinzu:

»Meiner Frau auch... Sagen Sie mal, sind Sie gerade sehr beschäftigt?«

Pardons Antwort entlockte ihm ein Lächeln. Es war komisch, denn er hätte von sich genau dasselbe sagen können.

»Große Flaute! Im November und im Dezember hatten sich anscheinend alle abgesprochen, um gleichzeitig krank zu werden, und ich mußte praktisch jede Nacht raus. An manchen Tagen war das Wartezimmer zu klein, und das Telefon stand nicht still. Während der Feiertage gab's dann ein paar Kater und ein paar Leberleiden. Jetzt, wo die Leute ihr Geld ausgegeben und nur das Nötigste für die fällige Miete zurückbehalten haben, sind alle wieder gesund...«

»Kann ich Sie mal besuchen? Ich möchte mit Ihnen gern über einen Fall reden, der heute morgen bei der Kriminalpolizei aufgetaucht ist.«

»Kommen Sie nur her.«

»Jetzt gleich?«

»Wenn Sie wollen.«

Madame Maigret fragte ihn:

»Gehst du bestimmt nicht deinetwegen hin? Fühlst du dich wirklich nicht krank?«

»Ich schwöre dir, nein.«

Er küßte sie zum Abschied, kam noch einmal zurück, tätschelte ihr die Wange und murmelte:

»Mach dir nichts draus. Ich glaube, ich bin heute mit dem linken Bein zuerst aufgestanden.«

Ohne sich zu beeilen, erreichte er die Rue Picpus, wo

Pardon in einem alten Mietshaus ohne Aufzug wohnte. Das Hausmädchen, das ihn kannte, führte ihn nicht ins Wartezimmer, sondern durch den Flur und die Hintertür.

»Er ist noch einen Augenblick beschäftigt. Sowie der Patient gegangen ist, bringe ich Sie hinein.«

Er traf Pardon im weißen Kittel an, in seinem Sprechzimmer mit den Milchglasscheiben.

»Hoffentlich haben Sie Ihrer Frau nichts davon gesagt, daß ich Sie informiert habe? Sie würde es mir ihr Leben lang übelnehmen.«

»Ich bin froh, daß sie beschlossen hat, etwas für ihre Gesundheit zu tun. Gibt es wirklich keinen Grund zur Beunruhigung?«

»Absolut keinen. In einigen Wochen, sagen wir in drei Monaten, wenn sie ein paar Kilo abgenommen hat, wird sie sich zehn Jahre jünger fühlen.«

Maigret zeigte aufs Wartezimmer.

»Stehle ich Ihren Patienten auch nicht die Zeit?«

»Es sind nur zwei da, und die haben nichts Besseres zu tun.«

»Kennen Sie einen gewissen Doktor Steiner?«

»Den Neurologen?«

»Ja. Er wohnt an der Place Denfert-Rochereau.«

»Ich habe ihn an der Universität flüchtig kennengelernt, denn er ist ungefähr in meinem Alter, danach hab ich ihn aus den Augen verloren. Aber ich habe Kollegen über ihn reden hören. Er ist einer der brillantesten Köpfe seiner Generation. Nachdem er seine Prüfungen mit allen möglichen Auszeichnungen bestanden hatte, war er Assistenzarzt, dann Oberarzt im Sainte-Anne. Danach hat er sich habilitiert, und es war eigentlich damit zu rechnen, daß er einer der jüngsten Professoren werden würde.«

»Was ist denn dazwischengekommen?«

»Nichts. Sein Naturell. Vielleicht ist er sich zu sehr seines Werts bewußt. Diesen Eindruck erweckt er jedenfalls, er gibt sich gern schroff, beinahe arrogant. Gleichzeitig ist er ein ruheloser, innerlich zerrissener Mensch, für den jeder Fall moralische Probleme aufwirft. Während des Krieges weigerte er sich, den gelben Stern zu tragen, weil er behauptete, keinen Tropfen jüdischen Bluts in sich zu haben. Die Deutschen haben ihm schließlich das Gegenteil bewiesen und ihn in ein Konzentrationslager gesteckt. Von dort kam er recht verbittert zurück, und jetzt bildet er sich ein, man würde ihm wegen seiner Herkunft Steine in den Weg legen, was unsinnig ist, denn der Medizinischen Fakultät gehören eine Reihe jüdischer Professoren an. Haben Sie mit ihm zu tun?«

»Ich habe ihn vorhin angerufen. Ich wollte gewisse Auskünfte von ihm bekommen, aber jetzt ist mir klar, daß es keinen Zweck hat, darauf zu beharren.«

Ähnlich wie sein Besucher vom Vormittag wußte Maigret nicht, womit er beginnen sollte.

»Obwohl es nicht Ihr Fachgebiet ist, möchte ich Sie gern um Ihre Meinung zu einer Geschichte bitten, die man mir heute morgen erzählt hat. In meinem Büro war ein Kerl so um die Vierzig, der normal zu sein schien und ohne große Erregung, ganz sachlich mit mir redete und dabei seine Worte genau abwog. Er ist, wenn ich mich recht erinnere, seit etwa zwölf Jahren verheiratet und wohnt seit noch längerer Zeit in der Avenue de Châtillon.«

Pardon, der sich eine Zigarette angezündet hatte, hörte aufmerksam zu.

»Er hat mit elektrischen Eisenbahnen zu tun.«

»Ist er Ingenieur bei der Bahn?«

»Nein. Ich spreche von Spielzeugeisenbahnen.«

Pardon runzelte die Stirn.

»Ich weiß«, sagte Maigret. »Mich hat es auch überrascht. Aber für ihn ist es keine bloße Liebhaberei. Er ist erster Verkäufer in der Spielzeugabteilung eines großen Warenhauses, und unter anderem ist er auch derjenige, der für Weihnachten die elektrische Eisenbahn im Schaufenster aufgebaut hat. Soweit ich das beurteilen kann, ist er gesund.«

»Welches Delikt hat er begangen?«

»Keins. Das nehme ich wenigstens an. Er hat mir erzählt, seine Frau hätte seit einiger Zeit die Absicht, ihn aus dem Weg zu räumen.«

»Wie ist er denn dahintergekommen?«

»Er ist gegangen, bevor er mir die Einzelheiten anvertraut hatte. Ich weiß nur, daß er, in einem Besenschrank versteckt, eine Flasche mit einer größeren Menge Zinkphosphid gefunden hat.«

Pardon wurde noch aufmerksamer.

»Er hat das Mittel selbst analysieren lassen, und er scheint alles studiert zu haben, was mit Zinkphosphid zusammenhängt. Er hat mir übrigens eine Probe mitgebracht.«

»Wollen Sie wissen, ob das ein Gift ist?«

»Ich vermute, daß es giftig ist.«

»Sehr giftig sogar, in manchen Gegenden benutzt man es zur Bekämpfung der Wühlmäuse. War er krank?«

»Unpäßlich, und zwar mehrmals hintereinander.«

»Hat er Anzeige erstattet?«

»Nein. Er ist aus meinem Büro verschwunden, bevor er mir verraten hatte, worauf er hinauswollte. Gerade das ist es ja, was mir keine Ruhe läßt.«

»Ich glaube, ich verstehe... Hat er Steiner aufgesucht...? Mit seiner Frau...?«

»Nein. Allein. Er hat sich untersuchen lassen, vor ungefähr einem Monat, um sich zu vergewissern...«

»... daß er nicht verrückt ist?«

Maigret nickte und zündete gemächlich seine Pfeife wieder an, ehe er fortfuhr:

»Ich könnte ihn in mein Büro vorladen und dafür sorgen, daß er noch einmal untersucht wird, weil Steiner sich hinter seinem Berufsgeheimnis verschanzt. Wenn ich sage, ich könnte, dann übertreibe ich ein bißchen, denn eigentlich liegt ja nichts gegen ihn vor. Er hat mich von sich aus aufgesucht. Er hat mir eine Geschichte erzählt, die Hand und Fuß hat. Weder er noch sonst jemand hat Anzeige erstattet, und das Gesetz verbietet es nicht, eine gewisse Menge eines Giftstoffs zu besitzen. Sie verstehen das Problem?«

»Ich verstehe.«

»Es ist möglich, daß seine Geschichte stimmt. Wenn ich zu seinen Vorgesetzten gehe, um mich nach seinem Verhalten zu erkundigen, riskiere ich, daß ich ihm schade, denn genauso wie bei den Behörden wird auch in den großen Warenhäusern jeder beargwöhnt, der es mit der Polizei zu tun bekommt. Wenn ich seine Concierge und seine Nachbarn ausfragen lasse, dann machen Gerüchte in seinem Viertel die Runde...«

»Ihnen ist doch klar, was Sie da von mir verlangen, Maigret? Eine Meinung über einen Mann, den ich nie gesehen habe und den Sie sozusagen selbst nicht kennen. Dabei bin ich nur praktischer Arzt und habe von Neurologie und Psychiatrie höchstens einen schwachen Schimmer.«

»Ich erinnere mich daran, daß ich in Ihrer Bibliothek eine Reihe von Büchern gesehen habe über …«

»Zwischen mich dafür interessieren und eine Diagnose stellen liegen Welten. Kurz und gut, Sie möchten wissen, warum er gekommen ist und Ihnen seine Geschichte erzählt hat?«

»Darum geht es hauptsächlich. Er lebt weiter mit seiner Frau zusammen und scheint auch nicht die Absicht zu haben, sich von ihr zu trennen. Er hat mich weder gebeten, sie festzunehmen, noch irgendwelche Ermittlungen gegen sie einzuleiten. Und als ich mein Büro für ein paar Minuten verlassen mußte, weil ich zum Chef gerufen wurde, ist er verschwunden, als ob er mir darüber hinaus nichts mehr anvertrauen wollte. Sagt Ihnen das nichts?«

»Das kann viel heißen. Sehen Sie, Maigret, in der Zeit, in der ich studierte, da stellten sich diese Dinge einfacher dar als heute. Wie übrigens die ganze Medizin und wie fast alle Wissenschaften. Wenn man damals bei Gericht einen Sachverständigen gefragt hat, ob ein Mensch verrückt oder geistig gesund ist, da hat er meistens mit Ja oder Nein geantwortet. Lesen Sie kriminalwissenschaftliche Zeitschriften?«

»Einige.«

»Dann wissen Sie so gut wie ich, daß es nicht mehr so leicht ist, klar zwischen den Psychosen, den Neurosen, den

Psychoneurosen und manchmal sogar der Schizophrenie zu unterscheiden. Die Grenze zwischen einem geistig gesunden Menschen und einem Psychopathen oder einem Neuropathen verwischt sich immer mehr, und wenn man gewissen ausländischen Gelehrten folgt... Aber ich will hier keinen wissenschaftlichen oder pseudowissenschaftlichen Vortrag beginnen...«

»Auf den ersten Blick...«

»Auf den ersten Blick hängt die Antwort auf Ihre Frage von dem Fachmann ab, den Sie fragen. Zum Beispiel diese Geschichte mit den elektrischen Eisenbahnen, auch wenn das sein Beruf ist – *denn er hat sich diesen Beruf ja selbst ausgesucht* –, sie kann als Anzeichen für mangelnde Anpassungsfähigkeit an die Realität interpretiert werden, was die Weichen für eine Psychoneurose stellen würde. Die Tatsache, daß er Sie am Quai des Orfèvres aufgesucht und bereitwillig sein Privatleben vor Ihnen ausgebreitet hat, würde so manchen Psychiater aufhorchen lassen, ebenso wie der Umstand, daß er von sich aus zu einem Neurologen gegangen ist, um sich zu vergewissern, daß er geistig gesund sei.«

Maigret war kaum weitergekommen, denn all das hatte er sich auch schon gedacht.

»Sie sagen, er sei ruhig gewesen, er hätte beherrscht gesprochen, ohne sichtbare Erregung, jedenfalls ohne übertriebene Erregung, doch das kann ebensogut gegen ihn sprechen, wie es zu seinen Gunsten ausgelegt werden kann, wie auch die Tatsache, daß er das Zinkphosphid analysieren ließ und alles gelesen hat, was er darüber hat finden können. Hat er nicht behauptet, daß seine Frau drauf und dran sei, verrückt zu werden?«

»Nicht direkt. Ich erinnere mich nicht mehr an jede Einzelheit. Um ehrlich zu sein, ich habe ihm anfangs nur mit halbem Ohr zugehört. Es war ziemlich heiß in meinem Büro. Ich war etwas schlaff...«

»Wenn er seine Frau verdächtigte, geisteskrank zu sein, wäre das ein weiteres Anzeichen. Aber es ist auch durchaus möglich, daß seine Frau wirklich...«

Maigret erhob sich aus seinem Sessel und begann, auf und ab zu gehen.

»Ich täte besser daran, mich nicht darum zu kümmern«, murmelte er halb zu sich selbst und halb an seinen Freund Pardon gewandt.

Doch er fügte sofort hinzu:

»Und trotzdem weiß ich, daß ich mich darum kümmern werde.«

»Es ist nicht ausgeschlossen, daß das alles nur in seiner Einbildung existiert und daß er das Phosphid selbst gekauft hat.«

»Ist es frei verkäuflich?« fragte Maigret.

»Nein. Aber das Warenhaus, in dem er arbeitet, kann es zum Beispiel zur Rattenvertilgung bekommen haben.«

»Nehmen wir einmal an, Marton fällt in die Kategorie von Leuten, an die Sie soeben gedacht haben: Ist er dann gefährlich?«

»Er kann es jederzeit werden.«

»Und angenommen, seine Frau versucht wirklich...«

Maigret blieb unvermittelt vor dem Arzt stehen und zischte:

»Scheiße!«

Dann lächelte er.

»Entschuldigen Sie. Das gilt nicht Ihnen. Es war so schön ruhig am Quai. Wie hier bei Ihnen! Kurz und gut, Sauregurkenzeit. Und da kommt dieser Wichtigtuer daher, läßt mir einen Zettel überreichen, setzt sich in mein Büro und lädt mir von einer Minute auf die andere eine Verantwortung auf den Buckel, die ...«

»Sie sind nicht verantwortlich.«

»Offiziell, rein beruflich gesehen, nicht. Trotzdem, wenn morgen oder nächste Woche einer von beiden, der Mann oder die Frau, das Zeitliche segnet, bin ich davon überzeugt, daß es meine Schuld ist ...«

»Tut mir leid, Maigret, daß ich Ihnen nicht weiterhelfen kann. Soll ich versuchen, Steiner zu erreichen und ihn nach seiner Meinung zu fragen?«

Maigret sagte zwar ja, doch er versprach sich nicht viel davon. Pardon rief an der Place Denfert-Rochereau an, dann in der Klinik, in der Steiner sich gerade aufhielt. Er konnte sich noch so untertänig und respektvoll geben, den unbedarften praktischen Arzt herauskehren, der sich an einen berühmten Spezialisten wendet, Maigret merkte an seiner Miene und an der schneidenden Stimme, die im Telefonhörer vibrierte, daß dieser Schritt nicht mehr einbrachte als sein eigener.

»Er hat mich in meine Schranken verwiesen.«

»Entschuldigen Sie bitte.«

»Nicht doch! Es war einen Versuch wert. Machen Sie sich's nicht zu schwer! Wenn alle Leute, die sich sonderbar benehmen, Mörder oder Opfer werden müßten, dann fände man mehr freie Wohnungen als heute.«

Maigret ging zu Fuß zur Place de la République, wo er

den Bus bestieg. Am Quai des Orfèvres kam Janvier, der im Inspektorenbüro saß, sofort zu ihm, um Bericht zu erstatten. Er machte ein betretenes Gesicht.

»Er hat mich doch hier nicht sehen können, oder?« fragte er. »Und mein Foto ist, soviel ich weiß, nie in den Zeitungen erschienen. Sieht man mir denn den Flic so sehr an?«

Von allen im Haus war Janvier derjenige, dem man ihn am wenigsten ansah.

»Ich ging in die Spielzeugabteilung hinauf, und dank Ihrer Beschreibung hab ich ihn sofort erkannt. Er trägt dort einen langen, grauen Kittel mit den Initialen des Warenhauses, in Rot eingestickt. Eine elektrische Eisenbahn war gerade in Betrieb, und ich hab ihr eine Weile zugeschaut. Dann hab ich unseren Mann herangewinkt und angefangen, ihm ein paar harmlose Fragen zu stellen, wie ein Familienvater, der seinem Sprößling eine Eisenbahn kaufen will. Ich kenn mich da aus, weil ich meinem Sohn zu Weihnachten vor einem Jahr eine gekauft hab. Er hat mich kaum drei oder vier Sätze sagen lassen. Da hat er mich unterbrochen und gemurmelt:

›Richten Sie Kommissar Maigret aus, daß es nicht die feine Art ist, Sie hierherzuschicken, er riskiert damit, mich um meine Stelle zu bringen!‹

Beim Sprechen hat er kaum die Lippen bewegt und ängstlich einen Aufseher des Warenhauses im Auge behalten, der uns von weitem beobachtete.«

Auf dem Schreibtisch des Kommissars lag ein Zettel aus dem Labor, auf dem in roter Schrift *Zinkphosphid* stand.

Um ein Haar hätte Maigret die Sache fallenlassen. Wie er Pardon oder wie Pardon ihm gesagt hatte – er entsann sich nicht mehr so genau –, ging es ihn streng beruflich gesehen eigentlich nichts an, und wenn er Xavier Marton lästig fiel, konnte dieser sich durchaus darüber beschweren und ihm Scherereien verursachen.

»Ich würde dich gern in die Avenue de Châtillon schikken, um die Concierge und die Nachbarn auszufragen. Nur, in dem Viertel darf nicht der Verdacht aufkommen, daß sich die Polizei mit dem Mann beschäftigt. Du könntest vielleicht hausieren gehen, mit einem elektrischen Staubsauger zum Beispiel …«

Bei dem Gedanken, daß er einen Staubsauger von Tür zu Tür schleppen sollte, zog Janvier unwillkürlich ein Gesicht.

»Wenn dir das lieber ist, dann gib dich als Versicherungsvertreter aus …«

Es war Janvier lieber, ganz offensichtlich.

»Versuch herauszufinden, wie die beiden miteinander leben, welchen Eindruck die Frau macht und was man in der Nachbarschaft von ihnen hält. Falls die Frau zu Hause ist, kannst du ja klingeln und ihr eine Lebensversicherung anbieten …«

»Ich werde mein Bestes tun, Chef.«

Das Wetter war immer noch trüb und kalt, und im Büro, in dem der Kommissar vergessen hatte, die Heizung wieder voll aufzudrehen, war es beinahe eisig. Er drehte am Ventil und überlegte dabei, ob er seinen Chef um Rat fragen sollte. Wenn er es nicht tat, dann nur deshalb, weil er fürchtete, sich lächerlich zu machen. Als er Pardon die Geschichte erzählt hatte, war ihm klargeworden, über wie wenige Einzelheiten er verfügte.

Langsam stopfte er eine Pfeife und vertiefte sich erneut in die Akten, die er am Vormittag liegengelassen hatte und für die er keinerlei Interesse aufbrachte. Eine Stunde verstrich. Der Rauch machte die Luft undurchsichtig, und es wurde allmählich dämmerig. Er schaltete die Lampe mit dem grünen Schirm ein, stand auf, um wieder einmal die Heizung zu drosseln, die erneut verrückt spielte. Es klopfte an der Tür. Der alte Joseph legte einen Zettel auf die Schreibtischecke und murmelte dabei:

»Eine Dame.«

Sie mußte den alten Bürodiener beeindruckt haben, daß er dieses Wort benutzte.

Joseph fügte hinzu:

»Ich glaub, es ist die Frau von dem Kerl, der heute morgen da war.«

Der Name auf dem Anmeldeschein hatte sein Gedächtnis aufgefrischt: Madame Marton. Weiter unten stand unter *Zweck des Besuchs* das Wort ›persönlich‹.

»Wo ist sie?«

»Im Wartezimmer. Soll ich sie hereinführen?«

Beinahe hätte er ja gesagt, doch er besann sich anders.

»Nein. Ich kümmere mich selbst um sie.«

Er ließ sich Zeit, durchquerte das Inspektorenbüro, dann zwei weitere Büros, um erst jenseits des verglasten Warteraums auf den breiten Flur hinauszutreten. Weil es noch nicht ganz dunkel war, schienen die Lampen weniger Licht als gewöhnlich zu geben, und es herrschte eine gelbliche, traurige Atmosphäre wie auf einem kleinen Provinzbahnhof.

Durch eine offene Tür beobachtete er den aquariumähnlichen Raum, in dem nur drei Personen saßen, von denen zwei wohl von der Sittenpolizei vorgeladen waren, denn es handelte sich um einen kleinen Zuhälter, dem man die Place Pigalle aus einer Meile Entfernung ansah, und um ein üppiges Mädchen, das sich so ungeniert wie eine aus dem Milieu benahm.

Alle beide sahen von Zeit zu Zeit zu einer anderen Frau hinüber, die wartete und durch ihre schlichte, aber makellose Eleganz auffiel.

Maigret ließ sich immer noch Zeit, erreichte schließlich die Glastür und öffnete sie.

»Madame Marton?«

Ihm war weder die zu den Schuhen passende Handtasche aus Krokodilleder entgangen noch das strenge Kostüm unter dem Biberpelz.

Sie erhob sich mit genau dem Maß an Verlegenheit, das man von jemandem erwarten konnte, der nie mit der Polizei zu tun gehabt hatte und sich plötzlich einem ihrer bedeutendsten Vertreter gegenübersah.

»Kommissar Maigret, nicht wahr?«

Die beiden anderen tauschten wissende Blicke aus. Maigret führte die Besucherin in sein Büro und ließ sie in dem Sessel Platz nehmen, in dem am Vormittag ihr Mann gesessen hatte.

»Entschuldigen Sie bitte, daß ich Sie so einfach störe …«

Sie streifte ihren rechten Handschuh aus weichem Veloursleder ab und schlug die Beine übereinander.

»Sie ahnen doch sicher, warum ich hier bin?«

Sie eröffnete den Angriff, und das behagte Maigret gar nicht. Deshalb hütete er sich zu antworten.

»Wahrscheinlich werden auch Sie sich mit Ihrem Berufsgeheimnis herausreden…«

Er hörte vor allem das *auch Sie* heraus. Hieß das, daß sie Doktor Steiner aufgesucht hatte?

Es war nicht allein ihr Verhalten, mit dem Madame Marton ihn überraschte.

Ihr Ehemann sah gewiß nicht übel aus, und er dürfte auch ganz gut verdienen. Dennoch schien Madame Marton einer anderen Gesellschaftsschicht anzugehören. Ihre Eleganz wirkte weder gekünstelt noch gewöhnlich. Ihre Unbefangenheit auch nicht.

Schon im Wartezimmer waren ihm der perfekte Schnitt ihrer Schuhe und die edle Handtasche aufgefallen. Die Handschuhe waren von nicht minderer Qualität, ebensowenig wie alles andere an ihr. Nichts Aufdringliches, Aufgesetztes. Keine Effekthascherei. Alles, was sie trug, stammte aus erstklassigen Häusern.

Auch sie schien um die Vierzig zu sein, mit dieser Ausstrahlung einer Vierzigjährigen, wie sie den Pariserinnen eigen ist, die auf sich achten, und an ihrer Stimme wie an ihrem Auftreten erkannte man, daß sie ein Mensch war, der sich überall und unter allen Umständen unbefangen fühlte.

Gab es da wirklich etwas, was nicht ganz ins Bild paßte? Er meinte etwas zu spüren, einen winzigen Mißklang, aber er bekam es nicht zu fassen. Es war mehr ein Gefühl als eine klare Erkenntnis.

»Ich glaube, Herr Kommissar, wir sparen Zeit, wenn ich offen mit Ihnen spreche. Im übrigen wäre es vermessen, mit einem Mann wie Ihnen Versteck spielen zu wollen.«

Er blieb gleichmütig, ohne daß dieser Gleichmut sie aus

der Ruhe gebracht hätte, es sei denn, sie konnte sich erstaunlich gut beherrschen.

»Ich weiß, daß mein Mann heute morgen bei Ihnen war.«

Endlich machte er den Mund auf und hoffte dabei, sie aus dem Konzept zu bringen.

»Hat er es Ihnen gesagt?« fragte er.

»Nein. Ich habe ihn dieses Haus betreten sehen und daraus geschlossen, daß er zu Ihnen ging. Er schwärmt für all Ihre Ermittlungen. Schon seit Jahren spricht er bei jeder Gelegenheit mit Begeisterung von Ihnen.«

»Wollen Sie damit sagen, daß Sie Ihrem Mann gefolgt sind?«

»Ja«, gab sie schlicht zu.

Für kurze Zeit herrschte leicht verlegenes Schweigen.

»Wundert Sie das, nachdem Sie ihn gesehen und gehört haben?«

»Wissen Sie auch, was er mir erzählt hat?«

»Ich kann es mir mühelos denken. Wir sind seit zwölf Jahren verheiratet, und ich kenne Xavier gut. Er ist der anständigste, mutigste und reizendste Mann, den es nur gibt. Sie wissen wahrscheinlich, daß er seine Eltern nie gekannt hat und daß er von der Fürsorge großgezogen wurde?«

Er nickte andeutungsweise.

»Er ist auf einem Bauernhof in der Sologne aufgewachsen, wo man ihm die Bücher, die er sich beschaffen konnte, aus den Händen riß, um sie zu verbrennen. Trotzdem ist er das geworden, was er heute ist, und meiner Meinung nach hat er bei weitem nicht die Stellung, die ihm eigentlich gebührte. Ich bin selbst immer wieder über das Ausmaß seiner Kenntnisse erstaunt. Er hat alles gelesen. Er kennt sich in allem aus. Und selbstverständlich wird er ausgenutzt. Er bringt sich bei seiner Arbeit schier um. Sechs Monate vor dem Fest bereitet er schon die Weihnachtszeit vor, und die ist für ihn sehr aufreibend.«

Sie hatte ihre Handtasche aufgeklappt und zögernd ein silbernes Zigarettenetui herausgenommen.

»Sie können ruhig rauchen«, sagte Maigret.

»Danke. Leider habe ich diese schlechte Angewohnheit. Ich rauche viel zuviel. Hoffentlich hält meine Anwesenheit Sie nicht davon ab, Ihre Pfeife anzuzünden.«

Er entdeckte feine Krähenfüße in ihren Augenwinkeln, aber anstatt sie älter erscheinen zu lassen, verliehen sie ihr zusätzlichen Charme. Ihre graublauen Augen hatten das sanfte Strahlen der Augen einer Kurzsichtigen.

»Wir beide müssen Ihnen lächerlich erscheinen, ich meine, mein Mann und ich, daß wir einer nach dem anderen hierherkommen, als gingen wir zur Beichte. Ein bißchen trifft das übrigens zu. Seit Monaten mache ich mir nämlich Sorgen um meinen Mann. Er ist überarbeitet, unruhig und hat Phasen, in denen er völlig niedergeschlagen ist und kein Wort mit mir spricht.«

Maigret wünschte sich, Pardon wäre da, denn der Arzt hätte daraus vielleicht Schlüsse ziehen können.

»Schon im Oktober... ja, Anfang Oktober... habe ich ihm gesagt, daß er an einer Neurasthenie litte und daß er einen Arzt konsultieren sollte...«

»Sie haben mit ihm über eine Neurasthenie gesprochen?«

»Ja. Hätte ich das nicht tun sollen?«

»Erzählen Sie weiter!«

»Ich habe ihn eingehend beobachtet. Er begann sich über einen seiner Abteilungsleiter zu beschweren, den er noch nie leiden konnte. Aber er redete zum erstenmal von einer Art Verschwörung. Dann hat er sich mit einem jungen Verkäufer angelegt...«

»Weshalb?«

»Es schien lachhaft, aber ich kann Xaviers Reaktion ganz gut verstehen. Ich übertreibe nicht, wenn ich sage, daß er in Frankreich der größte Fachmann für elektrische Eisenbahnen ist. Hoffentlich lächeln Sie nicht darüber. Man macht sich ja auch nicht über jemanden lustig, der sein Leben damit verbringt, Büstenhalter und schlank machende Hüftgürtel zu entwerfen.«

»Warum?« fragte er. »Beschäftigen Sie sich mit Büstenhaltern und Hüftgürteln?«

Sie lachte.

»Ich verkaufe sie. Aber um mich geht es hier nicht. Der neue Verkäufer also fing an, meinen Mann genau zu beobachten, ihm seine kleinen Kniffe abzuschauen, Schaltkreise zu entwerfen... Kurz, er gab ihm das Gefühl, als ob er es darauf abgesehen hätte, seinen Platz einzunehmen... Wirklich beunruhigt habe ich mich aber erst, als ich merkte, daß Xaviers Verdächtigungen sich auch auf mich ausdehnten...«

»Wessen hat er Sie denn verdächtigt?«

»Ich nehme an, daß er es Ihnen erzählt hat. Es begann damit, daß er mich eines Abends aufmerksam betrachtete und dabei murmelte:

›Du würdest eine hübsche Witwe abgeben, nicht wahr?‹

Dieses Wort tauchte dann in der Unterhaltung immer wieder auf. Zum Beispiel:

›Alle Frauen sind dafür geschaffen, Witwen zu werden. Im übrigen beweisen die Statistiken …‹

Damit waren wir beim Thema. Von da war es nicht mehr weit, bis er mir sagte, daß ich ohne ihn ein glänzenderes Leben führen könnte, daß er das einzige Hindernis für meinen Aufstieg sei …«

Sie zuckte mit keiner Wimper, trotz des ausdruckslosen Blicks, den Maigret absichtlich auf ihr ruhen ließ.

»Den Rest kennen Sie. Er ist davon überzeugt, daß ich beschlossen habe, mich seiner zu entledigen. Bei Tisch passiert es bisweilen, daß er sein Glas mit meinem vertauscht, ohne einen Hehl daraus zu machen, im Gegenteil, er schaut mich dabei noch spöttisch an. Er wartet mit dem Essen, bis ich einen ersten Bissen hinuntergeschluckt habe. Manchmal, wenn ich nach ihm nach Hause komme, ertappe ich ihn dabei, daß er in der Küche alle Winkel und Ecken absucht.

Ich weiß nicht, was Doktor Steiner ihm gesagt hat …«

»Haben Sie ihn dorthin begleitet?«

»Nein. Xavier hat mir angekündigt, daß er ihn konsultieren würde. Das war allerdings auch eine Art Herausforderung von ihm. Er sagte mir nämlich:

›Ich weiß, du versuchst mich davon zu überzeugen, daß ich verrückt werde. Oh, du machst das geschickt, nach und nach gewissermaßen. Jetzt werden wir ja sehen, was ein Spezialist dazu meint.‹«

»Hat er Ihnen das Ergebnis dieser Konsultation mitgeteilt?«

»Er hat mir nichts erzählt, aber seither – es war vor ungefähr einem Monat – betrachtet er mich mit gönnerhafter Ironie. Ich weiß nicht, ob Sie verstehen, was ich damit sagen will. Wie ein Mensch, der ein Geheimnis hat und sich daran ergötzt. Er verfolgt mich mit den Augen. Es kommt mir ständig so vor, als dächte er:

›Nur zu, meine Kleine! Mach nur, was du willst. Du wirst dein Ziel nicht erreichen, denn ich bin gewarnt…‹«

Maigret zog an seiner Pfeife und fragte:

»Und heute morgen sind Sie ihm nachgegangen? Gehen Sie ihm für gewöhnlich nach?«

»Nicht täglich, nein, denn ich habe schließlich auch meine Arbeit. Üblicherweise verlassen wir gemeinsam um halb neun Uhr die Avenue de Châtillon und nehmen denselben Bus bis zur Rue des Pyramides. Von dort aus gehe ich ins Geschäft in der Rue Saint-Honoré, während er in die Rue de Rivoli bis zu den Magasins du Louvre weiterfährt. Nun finde ich aber seit einiger Zeit, wie ich Ihnen schon sagte, daß Ihr Name recht oft im Gespräch auftaucht. Vor zwei Tagen erklärte er mir höhnisch und drohend zugleich:

›Was du auch immer tust, wie schlau du auch sein magst, es wird jemanden geben, der Bescheid weiß.‹

Ich begriff sofort, daß er dabei auf Sie anspielte. Gestern bin ich ihm schon bis zum Louvre gefolgt und habe noch eine Zeitlang den Personaleingang im Auge behalten, um mich zu vergewissern, daß er nicht wieder herauskommt. Heute morgen habe ich dasselbe gemacht…«

»Und Sie sind ihm bis hierher gefolgt?«

Sie sagte freimütig ja und beugte sich vor, um in dem gläsernen Aschenbecher ihre Zigarette auszudrücken.

»Ich habe versucht, Sie etwas ins Bild zu setzen. Jetzt bin ich bereit, auf Ihre Fragen zu antworten.«

Nur ihre gefalteten Hände auf der Krokodilledertasche verrieten eine gewisse Nervosität.

3

Die jüngere Schwester aus Amerika

Wenn er sich am Vormittag dem Verkäufer elektrischer Eisenbahnen gegenüber schwerfällig und wie geistesabwesend verhalten hatte, so war das eine unbeabsichtigte Schwerfälligkeit gewesen, die eher von einer geistigen Trägheit, einer Art Dämmerzustand hergerührt hatte. Kurzum, zwischen ihnen war kein Kontakt zustande gekommen; genauer gesagt, er war zu spät zustande gekommen.

Jetzt, bei Madame Marton, war es seine professionelle Schwerfälligkeit, auf die er sich zurückzog, jene Schwerfälligkeit, die er sich in alten Zeiten, als er noch schüchtern war, zu eigen gemacht hatte, um seine Gesprächspartner aus dem Konzept zu bringen, und die zu einem Reflex, zu einer beinahe unbewußten Haltung geworden war.

Sie schien davon nicht beeindruckt zu sein und betrachtete ihn weiterhin so, wie ein Kind einen dicken Bären betrachtet, der ihm zwar keine Angst einflößt, den es aber nichtsdestoweniger aus den Augenwinkeln beobachtet.

War es denn nicht sie gewesen, die bisher das Gespräch bestimmt hatte, um schließlich einen Satz auszusprechen, den Maigret gerade in diesem Büro noch selten gehört hatte:

›Jetzt bin ich bereit, auf Ihre Fragen zu antworten...‹

Er ließ sie eine Zeitlang warten, ließ mit voller Absicht

Schweigen einkehren, zog dabei an seiner Pfeife und fragte schließlich mit der Miene eines Menschen, der nicht so recht wußte, woran er war:

»Aus welchem Grund sind Sie eigentlich hergekommen und haben mir all das erzählt?«

Und das brachte sie tatsächlich aus der Fassung. Sie begann:

»Aber...«

Sie blinzelte, wie alle Kurzsichtigen, fand keine Worte mehr und deutete mit einem schwachen Lächeln an, daß die Antwort doch auf der Hand liege.

Wie ein Mann, der dem keine Bedeutung beimaß, wie ein Beamter, der nur seine Pflicht tat, fuhr er fort:

»Wollen Sie, daß Ihr Mann in eine Anstalt eingewiesen wird?«

Diesmal lief ihr Gesicht schlagartig dunkelrot an, die Augen funkelten, ihre Lippen bebten vor Zorn:

»Ich glaube, ich habe nichts gesagt, was Ihnen das Recht gäbe...«

Der Hieb hatte sie derart getroffen, daß sie Anstalten machte, sich zu erheben, um das Gespräch zu beenden.

»Bleiben Sie doch sitzen, ich bitte Sie. Beruhigen Sie sich. Ich verstehe nicht, warum diese harmlose Frage Sie dermaßen aufregt. Kurzum, was möchten Sie mir eigentlich sagen? Vergessen Sie nicht, daß wir hier bei der Kriminalpolizei sind, wo wir uns mit Verbrechen und Vergehen beschäftigen, um entweder den Täter festzunehmen oder, seltener, um einer Tat vorzubeugen. Zunächst haben Sie mir erzählt, daß Ihr Mann seit mehreren Monaten an Neurasthenie zu leiden scheint...«

»Ich habe gesagt…«

»Sie haben Neurasthenie gesagt. Und sein Verhalten hat Sie so beunruhigt, daß Sie ihn zu einem Neurologen geschickt haben…«

»Ich habe ihm geraten…«

»Nehmen wir einmal an, Sie haben ihm geraten, einen Neurologen zu konsultieren. Haben Sie erwartet, daß der seine Einweisung nahelegt?«

Ihre Züge hatten sich verhärtet, und ihre Stimme klang verändert, als sie konterte:

»Ich habe erwartet, daß er ihn behandelt.«

»Gut. Das hat er doch wohl getan?«

»Ich weiß davon nichts.«

»Sie haben Doktor Steiner angerufen, oder Sie sind persönlich bei ihm gewesen, und er hat sich hinter seinem Berufsgeheimnis verschanzt.«

Sie betrachtete ihn mit anhaltender Aufmerksamkeit, mit angespannten Nerven, so als wollte sie herausfinden, welcher Angriff als nächstes folgen würde.

»Nimmt Ihr Mann seit seinem Besuch beim Arzt Medikamente?«

»Nicht, daß ich wüßte.«

»Hat sich sein Verhalten geändert?«

»Er kommt mir noch genauso niedergeschlagen vor.«

»Niedergeschlagen, aber nicht überreizt?«

»Ich weiß nicht. Ich verstehe nicht, worauf Sie hinauswollen.«

»Wovor haben Sie Angst?«

Diesmal ließ sie sich Zeit, wobei sie überlegte, worauf sich die Frage beziehen mochte.

»Wollen Sie von mir wissen, ob ich Angst vor meinem Mann habe?«

»Ja.«

»Ich habe Angst *um* ihn. Ich habe keine Angst *vor* ihm.«

»Warum?«

»Weil ich, was auch immer geschieht, mich zur Wehr setzen kann.«

»Dann frage ich Sie noch einmal, was ich Sie zu Beginn gefragt habe: Warum sind Sie heute nachmittag zu mir gekommen?«

»Weil er heute morgen bei Ihnen war.«

Sie dachten nicht in gleichen Bahnen, die beiden. Oder wollte sie vielleicht nicht in der gleichen Bahn wie der Kommissar denken?

»Wußten Sie, was er mir erzählen würde?«

»Wenn ich es gewußt hätte, dann ...«

Sie biß sich auf die Lippen. War sie nicht drauf und dran zu sagen:

»... dann hätte ich mich nicht herbemühen müssen.«

Maigret hatte nicht die Zeit, darüber nachzudenken, denn auf seinem Schreibtisch klingelte das Telefon. Er nahm den Hörer ab.

»Hallo, Chef... Hier ist Janvier... Ich bin im Büro nebenan... Ich hab erfahren, wer bei Ihnen ist, und halte es für besser, mich nicht blicken zu lassen... Ich möchte Sie gern einen Augenblick sprechen...«

»Ich komme...«

Er stand auf und entschuldigte sich.

»Erlauben Sie? Ich werde in einer anderen Angelegenheit gebraucht. Es wird nicht lange dauern.«

Im Inspektorenbüro sagte er zu Lucas:

»Stell dich auf den Gang, und wenn sie versucht wegzugehen, wie ihr Mann, dann halt sie zurück!«

Er hatte die Verbindungstür geschlossen. Torrence hatte sich ein Glas Bier heraufbringen lassen, und ohne sich etwas dabei zu denken, trank Maigret es genüßlich leer.

»Hast du was Neues?«

»Ich bin dort gewesen. Sie kennen doch die Avenue de Châtillon. Man könnte meinen, man sei in der Provinz, obwohl die Avenue d'Orléans ganz in der Nähe ist. Die Nummer 17, wo sie wohnen, ist ein Neubau aus gelbem Backstein, mit sechs Stockwerken, dessen Mieter hauptsächlich Büroangestellte und Handelsvertreter sind.

Man kann sicher von einer Wohnung zur anderen alles hören, und in jedem Stock gibt es Kinder.

Die Martons wohnen aber nicht im eigentlichen Mietshaus. An dessen Stelle stand früher einmal eine Art Villa, die abgerissen wurde. Der Hof ist erhalten geblieben, mit einem Baum in der Mitte und dahinter einem Pavillon mit einem einzigen Obergeschoß.

Eine Außentreppe führt in den ersten Stock hinauf, der nur aus zwei Zimmern und einem Nebenraum besteht.

Vor achtzehn Jahren hat Xavier Marton, damals noch Junggeselle, diese Wohnung gemietet; im Erdgeschoß, dessen Stirnseite ganz verglast ist, war eine Schreinerwerkstatt.

Später ist der Schreiner verschwunden. Marton hat das Erdgeschoß dazugemietet und es zu einem angenehmen Wohnraum umgebaut, halb Atelier, halb Wohnzimmer.

Das Ganze ist ziemlich ausgefallen, hübsch, und hat viel Pfiff. Es ist keine Nullachtfünfzehn-Wohnung. Ich habe erst einmal der Concierge eine Lebensversicherung angeboten; sie hat sich mein Sprüchlein angehört, ohne mich zu unterbrechen, um mir schließlich zu erklären, daß sie keine braucht, weil sie eines Tages ihre Rente bekommen würde. Dann habe ich mich nach Mietern erkundigt, die ich vielleicht als Kunden anwerben könnte. Sie hat mir ein paar Namen genannt.

›Sie sind aber alle sozialversichert‹, hat sie dazu gesagt. ›Da werden Sie nicht viel Glück haben...‹

›Wohnt bei Ihnen nicht ein Monsieur Marton?‹

›Ja, hinten im Hof... Ob die vielleicht wollen? Sie verdienen ganz gut... Letztes Jahr haben sie sich ein Auto gekauft... Versuchen Sie's mal...‹

›Wird da jetzt jemand zu Hause sein?‹

›Ich glaub schon.‹

Sie sehen, Chef, es ist nicht allzu schwierig gewesen. Ich hab an der Ateliertür geklingelt. Eine noch recht junge Frau hat mir aufgemacht.

›Madame Marton?‹ hab ich gefragt.

›Nein. Meine Schwester kommt erst gegen sieben Uhr heim.‹«

Maigret runzelte die Stirn.

»Wie sieht die Schwester aus?«

»Eine Frau, nach der sich die Männer auf der Straße umdrehen dürften. Was mich betrifft...«

»Sie hat Eindruck auf dich gemacht, wie?«

»Sie ist schwer zu beschreiben. Ich halte sie für höchstens fünfunddreißig. Nicht, daß sie so hübsch oder gar strahlend schön wäre. Auch nicht gerade umwerfend elegant, denn sie hatte ein schlichtes schwarzes Wollkleid an und war schlecht frisiert – wie eben eine Frau bei ihrer Hausarbeit. Nur ...«

»Nur?«

»Also: Sie hat etwas sehr Weibliches, etwas Rührendes an sich. Man spürt, daß sie sehr sanft ist, mit einer gewissen Scheu vorm Leben, eben eine von den Frauen, die man als Mann gern beschützen möchte. Verstehen Sie, was ich meine? Auch ihre Figur ist sehr weiblich, sehr ...«

Er errötete unter Maigrets amüsiertem Lächeln.

»Bist du lange bei ihr geblieben?«

»Ungefähr zehn Minuten. Ich habe zuerst von Versicherungen geredet. Darauf hat sie mir geantwortet, daß beide, ihr Schwager und ihre Schwester, vor etwa einem Jahr eine hohe Versicherung abgeschlossen hätten ...«

»Hat sie nicht gesagt, über welche Summe?«

»Nein. Ich weiß nur, daß es bei der Mutuelle ist. Sie hat noch erklärt, daß sie für sich keine Versicherung braucht, weil sie eine Rente bezieht. An einer Wand steht neben einer Werkbank ein langer Tisch, auf dem eine komplizierte elektrische Eisenbahn aufgebaut ist. Ich hab ihr erzählt, daß ich vor kurzem meinem Sohn eine gekauft habe. Dadurch konnte ich länger dort bleiben. Sie hat mich gefragt, ob ich die Eisenbahn in den Magasins du Louvre gekauft hätte, und ich hab ja gesagt.

›Dann muß mein Schwager Sie bedient haben ...‹«

»Ist das alles?« erkundigte sich Maigret.

»So ziemlich. Ich bin noch in zwei oder drei Läden gewesen, aber ich wagte nicht, zu deutlich zu werden. Die Martons scheinen in ihrem Viertel gut angeschrieben zu sein und pünktlich zu bezahlen.«

Erst jetzt merkte Maigret, daß es das Glas von Torrence war, das er leer getrunken hatte.

»Oh, Verzeihung, alter Junge. Lassen Sie ein neues auf meine Rechnung bringen...«

Er fügte hinzu:

»Und eins für mich. Ich komme es trinken, wenn ich da drüben fertig bin.«

Die Besucherin hatte sich während seiner Abwesenheit nicht aus ihrem Sessel gerührt, aber eine Zigarette angezündet.

Er setzte sich wieder und legte die Hände flach auf den Schreibtisch.

»Ich weiß nicht mehr, wo wir stehengeblieben waren. Ah, ja! Sie haben mir angeboten, Ihnen Fragen zu stellen. Aber ich weiß nicht recht, wonach ich Sie fragen könnte. Haben Sie eigentlich ein Hausmädchen, Madame Marton? Denn wenn ich Sie richtig verstanden habe, arbeiten Sie ganztags.«

»Den ganzen Tag, ja.«

»Auf eigene Rechnung?«

»Nicht direkt. Wenngleich mir mein Chef, Monsieur Harris, der Inhaber des Wäschegeschäfts in der Rue Saint-Honoré, einen recht hohen Anteil vom Umsatz zugesteht, weil im wesentlichen ich diejenige bin, die den Betrieb in Gang hält.«

»So daß Sie eine angesehene Stellung haben?«

»Ziemlich angesehen, ja.«

»Ich glaube, ich habe von der Firma Harris reden hören.«

»Es ist eins der drei besten Häuser für Feinwäsche in

Paris. Wir haben eine erlesene Kundschaft, sogar gekrönte Häupter.«

Jetzt verstand er manches besser, was ihn anfangs überrascht hatte, die diskrete und dennoch ein wenig eigenwillige Eleganz seiner Besucherin. Wie sich das in Modehäusern und einschlägigen Geschäften so ergibt, hatte sie nach und nach Geschmack und Verhaltensweisen ihrer Kundschaft angenommen und sich dabei dennoch eine gewisse unerläßliche Bescheidenheit bewahrt.

»Waren Ihre Eltern im Wäschehandel tätig?«

Ihre Spannung legte sich, da sie sich nun auf weniger verfänglichem Terrain befanden und die Fragen harmlos klangen.

»Weit gefehlt. Mein Vater war Geschichtslehrer am Gymnasium in Rouen, und meine Mutter war ihr Leben lang nie etwas anderes als Generalstochter.«

»Haben Sie Geschwister?«

»Eine Schwester, die eine Zeitlang mit ihrem Mann in den Vereinigten Staaten gelebt hat, in Green-Village im Bundesstaat New Jersey, unweit von New York. Ihr Mann war Ingenieur in einer Erdölraffinerie.«

»Sie sagen: war?«

»Er kam vor zwei Jahren bei einer Explosion im Labor ums Leben. Meine Schwester kehrte nach Frankreich zurück, sie war so erschüttert, so mutlos, daß wir sie zu uns genommen haben.«

»Ich habe Sie vorhin gefragt, ob Sie ein Hausmädchen haben.«

»Nein. Meine Schwester geht nicht arbeiten. Sie war noch nie in ihrem Leben berufstätig. Sie ist jünger als ich und hat mit zwanzig Jahren geheiratet; bis dahin hatte sie bei meinen Eltern gewohnt. Sie ist immer ein verwöhntes Kind gewesen.«

»Führt sie Ihren Haushalt?«

»Das ist ihre Art, wenn Sie so wollen, ihren Anteil beizusteuern. Wir haben es nicht von ihr verlangt, aber sie hat darauf bestanden.«

»Wohnten Sie auch bei Ihren Eltern, als Sie Ihren Mann kennenlernten?«

»Nein. Im Gegensatz zu Jenny – so heißt meine Schwester – fühlte ich mich nicht dafür geschaffen, in Rouen zu leben, und ich verstand mich nicht besonders gut mit meiner Mutter. Sobald ich mein Abitur gemacht hatte, ging ich nach Paris.«

»Allein?«

»Wie meinen Sie das?«

»Hatten Sie keinen Freund hier?«

»Ich verstehe, worauf Sie hinauswollen. Da ich Sie dazu aufgefordert habe, mir Fragen zu stellen, steht es mir nicht zu, Ihnen nicht zu antworten. Ich bin tatsächlich hergekommen, um jemanden, den ich kannte, wiederzutreffen, einen jungen Anwalt, und wir lebten einige Monate zusammen. Das ging nicht gut, und ich sah mich nach einer Anstellung um. Damals merkte ich, daß das Abitur, auf das mein Vater so großen Wert legte, daß er mich jahrelang gepeinigt hatte, zu nichts nützte. Alles, was ich nach wochenlangem Hin und Her in Paris finden konnte, war eine Stelle als Verkäuferin in den Magasins du Louvre.«

»Und dort haben Sie Ihren Mann getroffen.«

»Nicht sofort. Wir waren nicht in derselben Etage. Kennengelernt haben wir uns schließlich in der Metro.«

»War er damals schon erster Verkäufer?«

»Natürlich nicht.«

»Dennoch haben Sie geheiratet?«

»Er wollte es. Ich hätte mich damit begnügt, einfach mit ihm zusammenzuleben ...«

»Lieben Sie ihn?«

»Warum wäre ich sonst hier?«

»Wann haben Sie das Warenhaus verlassen?«

»Vor ... Warten Sie ... Nächsten Monat werden es fünf Jahre.«

»Also nach sieben Jahre Ehe.«

»So ungefähr.«

»Und war Ihr Mann zu diesem Zeitpunkt schon Abteilungsleiter geworden?«

»Ja.«

»Aber Sie waren immer noch einfache Verkäuferin?«

»Ich verstehe nicht, worauf Sie hinauswollen.«

Wie geistesabwesend bemerkte er:

»Ich auch nicht. Sie sind dann also bei Monsieur Harris eingetreten.«

»Das stimmt nicht ganz, es ist eigentlich etwas anders gelaufen. Zunächst einmal ist Harris nur der Firmenname. Mein Chef heißt in Wirklichkeit Maurice Schwob. Er arbeitete auch in den Magasins du Louvre, als Einkäufer für Wäsche.«

»Wie alt?«

»Jetzt?«

»Ja.«

»Er ist neunundvierzig. Aber es verhält sich nicht so, wie Sie glauben. Unsere Beziehungen sind rein geschäftlich. Er war seit eh und je dazu entschlossen, sich selbständig zu machen. In seinem Geschäft brauchte er eine junge Frau, die das Metier kannte. Wenn es um Wäsche und Miederwaren geht, lassen sich Frauen nicht gern von Männern bedienen. Ich war ihm im Louvre aufgefallen. Das ist die ganze Geschichte.«

»Sie sind praktisch Partner?«

»In gewissem Sinn ja, obwohl ich am Geschäft wesentlich geringer beteiligt bin als er, was auf der Hand liegt, weil er das Kapital eingebracht hat und derjenige ist, der die Modelle entwirft.«

»Kurzum, bis vor ungefähr fünf Jahren war die Stellung Ihres Mannes bedeutender als Ihre. Sein Gehalt auch. Aber seit fünf Jahren verhält es sich umgekehrt. Ist das richtig?«

»Das ist richtig, ja, aber Sie können mir getrost glauben, daß ich daran nicht einmal denke.«

»Ihr Mann auch nicht?«

Sie zögerte.

»Am Anfang macht das einem Mann wohl keine Freude. Inzwischen hat er sich daran gewöhnt. Wir leben weiterhin bescheiden.«

»Haben Sie ein Auto?«

»Das schon, aber wir benutzen es fast nur am Wochenende und im Urlaub.«

»Fahren Sie mit Ihrer Schwester zusammen in Urlaub?«

»Warum nicht?«

»Ja, warum eigentlich nicht?«

Es herrschte ziemlich langes Schweigen. Maigret machte ein ratloses Gesicht.

»Jetzt, Madame Marton, da mir nichts mehr einfällt, was ich Sie fragen könnte, sagen Sie mir doch, was Sie von mir erwarten.«

Das genügte, um sie erneut in die Defensive zu treiben.

»Ich verstehe Sie noch immer nicht«, murmelte sie.

»Wollen Sie, daß wir Ihren Mann überwachen?«

»Warum sollten Sie ihn überwachen?«

»Sie sind auch nicht bereit, einen förmlichen Antrag zu unterschreiben, der es uns gestattete, ihn auf seinen Geisteszustand untersuchen zu lassen?«

»Gewiß nicht.«

»Das ist also alles?«

»Das ist alles… Ich vermute, ja…«

»In diesem Fall weiß ich auch nicht, warum ich Sie noch länger aufhalten sollte…«

Er erhob sich. Sie stand ebenfalls auf, ein wenig steif. Während er sie an die Tür begleitete, schien ihm noch etwas einzufallen.

»Verwenden Sie Zinkphosphid?«

Sie zuckte nicht zusammen. Sie mußte die ganze Zeit über mit dieser Frage gerechnet haben, und wer weiß, ob sie nicht nur gekommen war, um darauf zu antworten?

»Ja, das verwende ich.«

»Wozu?«

»Die Rue Saint-Honoré ist eine der ältesten Straßen in Paris, und die Häuser hinter den Luxusgeschäften sind größtenteils in schlechtem Zustand; es gibt ein ganzes Netz von Hinterhöfen, Gassen und Durchgängen, das man gar nicht ahnt. Auch die Nähe des Marktes zieht eine unglaubliche Zahl von Ratten an, und die haben die Ware beschädigt. Wir haben erfolglos mehrere Mittel ausprobiert. Irgend jemand hat Monsieur Schwob das Zinkphosphid empfohlen, das ausgezeichnete Ergebnisse erzielt hat. In der Avenue de Châtillon hatten wir auch Ratten, und mein Mann klagte darüber. Ich habe etwas Zinkphosphid aus dem Geschäft mitgenommen …«

»Ohne mit Ihrem Mann darüber zu sprechen?«

»Ich weiß nicht mehr, ob ich mit ihm darüber gesprochen habe oder nicht.«

Sie riß die Augen auf, als wäre ihr ein erschreckender Gedanke gekommen.

»Er hat sich doch nicht etwa eingebildet …?«

Er beendete den Satz nicht für sie, und sie fuhr fort:

»Wenn er mit Ihnen darüber gesprochen hat, dann heißt das … Mein Gott! Und ich habe mich verzweifelt bemüht herauszufinden, was ihn quälte … Ich werde mich gleich heute abend mit ihm aussprechen … Oder lieber nicht … Wenn ich dieses Thema anschneide, dann weiß er, daß ich bei Ihnen war …«

»Wollten Sie es ihm verschweigen?«

»Ich weiß es nicht, ich weiß es nicht mehr, Monsieur Maigret. Ich bin hergekommen … Wie soll ich das sagen? … Ich bin ganz arglos hergekommen, mit der wirklich naiven Vorstellung, mich Ihnen anzuvertrauen. Ich habe Ihnen die Wahrheit gesagt über Xavier und über meine Befürchtungen. Anstatt mir zu helfen, haben Sie mir Fragen gestellt, die für mich klar erkennen lassen, daß Sie mir nicht glauben, daß Sie mich Gott weiß welcher Absichten verdächtigen …«

Sie weinte zwar nicht, zeigte aber dennoch eine gewisse Verzweiflung.

»Um so schlimmer!... Ich hatte gehofft... Mir bleibt jetzt nichts anderes übrig, als mein Bestes zu tun...«

Mit ihrer behandschuhten Linken öffnete sie die Tür. Als sie draußen im Flur stand, sagte sie noch:

»Auf Wiedersehen, Herr Kommissar... Trotzdem vielen Dank, daß Sie so freundlich waren, mich zu empfangen...«

Maigret sah ihr nach, wie sie auf ihren sehr hohen Absätzen mit sicheren Schritten davonbalancierte, und er kehrte schulterzuckend in sein Büro zurück. Es war eine gute Viertelstunde verstrichen, als er es wieder verließ, das Büro seines Chefs ansteuerte und im Vorbeigehen Joseph fragte:

»Ist der Direktor da?«

»Nein. Er ist bei einer Besprechung mit dem Präsidenten und hat angekündigt, daß er am Nachmittag wahrscheinlich nicht mehr zurückkommen würde.«

Maigret betrat dennoch das Dienstzimmer des Direktors der Kriminalpolizei, schaltete das Licht ein und begann die Titel der Bücher zu lesen, die die beiden Mahagoniregale füllten. Da standen Statistiken, die noch nie jemand aufgeschlagen hatte, neben Fachliteratur in verschiedenen Sprachen, die Autoren oder Verleger von sich aus schickten. Die Abhandlungen über Kriminologie waren ebenso zahlreich wie die über wissenschaftliche Untersuchungsmethoden und über Gerichtsmedizin.

Maigret fand auf einem Regal schließlich mehrere Werke über Psychiatrie und blätterte drei oder vier von ihnen durch, ehe er eins aussuchte, das ihm in einfacherer und verständlicherer Sprache abgefaßt zu sein schien als die anderen.

Am Abend nahm er das Buch mit nach Hause. Nach dem Essen, in Pantoffeln, vorm Kaminfeuer und bei gedämpfter Radiomusik, fing er an zu lesen, während Madame Maigret die Manschetten an seinen Hemden ausbesserte.

Er hatte nicht die Absicht, den dicken Wälzer ganz zu lesen, und es gab Seiten, die er trotz seines kurzen Medizinstudiums überhaupt nicht verstand.

Er suchte nach bestimmten Kapitelüberschriften, nach Wörtern, die während seines Gesprächs mit Pardon gefallen waren, Wörter, deren Bedeutung jeder zu kennen glaubt, die aber für Fachleute einen ganz anderen Klang haben...

... Neurosen... Für Adler liegt der Ausgangspunkt für die Neurose in einem bedrohlichen Gefühl der Minderwertigkeit und der Unsicherheit... Eine Abwehrreaktion gegen dieses Gefühl treibt den Kranken dazu, sich mit einem fiktiven Idealzustand zu identifizieren...

Seine Frau hob den Kopf, als er halblaut wiederholte:

»... fiktiver Idealzustand...«

... Physisches Syndrom... Neurastheniker sind bei Fachärzten aller Art wohlbekannt... Ohne erkennbare organische Ursache leiden sie an Schmerzzuständen und befürchten vor allem mögliche Komplikationen; sie gehen von einem Arzt zum andern und lassen sich immer wieder untersuchen...

... Mentales Syndrom... Die Empfindung der Unfähigkeit dominiert... Physisch fühlt sich der Kranke bleiern,

von Schmerzen geplagt, von der geringsten Anstrengung erschöpft…

Wie Maigret an ebendiesem Morgen. Auch jetzt fühlte er sich noch bleiern, vielleicht nicht gerade von Schmerzen geplagt, aber…

Mißmutig blätterte er die Seiten um.

… Sogenannte paranoische Konstitution… Hypertrophie des Ichs…

… Im Gegensatz zu den sensitiven entwickeln diese Kranken im Familienleben und vor allem im gesellschaftlichen Bereich eine Persönlichkeit, ein raumfüllendes und dominantes Ich…

… Nie halten sie sich für schuldig und verantwortlich… Ihr Stolz ist charakteristisch… Selbst bei geringer Intelligenz dominieren sie ihre Familie durch ihr autoritäres Wesen und durch ihre entschiedene Sicherheit…

Paßte das nun besser auf Xavier Marton oder auf seine Frau? Und könnte man damit nicht ein Viertel der Pariser Bevölkerung beschreiben?

Revindikatorische Psychose… Verfolgte Verfolger…

… Es handelt sich dabei um eine typische affektive Psychose, deren nosologische Zuordnung endlose Diskussionen ausgelöst hat… Mit Kræpelin und Capgras bin ich der Ansicht, daß sie nicht zur Kategorie echter Delirien gehört… Der Patient betrachtet sich als das Opfer einer Ungerechtigkeit, die er beseitigen möchte und für die er um jeden Preis Genugtuung zu erlangen sucht…

Xavier Marton? Madame Marton?

Er kam von den Neurosen zu den Psychosen, von den Psychosen zu den Psychoneurosen, von der Hysterie zur

Paranoia, und so, wie die kleinen Leute, die sich in ein medizinisches Lexikon vertiefen, nach und nach alle Krankheiten an sich selbst entdecken, so fand er unter jeder Rubrik Symptome, die ebensogut auf die eine wie auf die andere seiner zwei Figuren zutrafen.

Von Zeit zu Zeit brummte er vor sich hin, wiederholte ein Wort, einen Satz, und Madame Maigret warf ihm verstohlen besorgte Blicke zu.

Schließlich erhob er sich, wie ein Mann, dem es reichte, warf das Buch auf den Tisch, öffnete das Büfett im Eßzimmer, ergriff die kleine Karaffe mit dem Schlehenschnaps und füllte eins der goldgeränderten Gläschen.

Es war wie ein Protest des gesunden Menschenverstandes gegen all dieses gelehrte Geschwafel, wie der Versuch, mit beiden Beinen wieder fest auf dem Boden zu stehen.

Pardon hatte recht gehabt: All das Bemühen, Anomalien in menschlichem Verhalten aufzuspüren, sie zu klassifizieren und zu unterteilen, hatte am Ende nur dazu geführt, daß man eigentlich nicht mehr wußte, was ein geistig gesunder Mensch war.

War er selbst einer? Nach dem, was er soeben gelesen hatte, war er sich dessen nicht mehr so sicher.

»Hast du einen schwierigen Fall?« erkundigte sich Madame Maigret schüchtern, obwohl sie sich selten mit der Tätigkeit ihres Mannes am Quai des Orfèvres befaßte.

Er zuckte nur die Schultern und brummelte:

»Eine unangenehme Sache mit Verrückten!«

Etwas später, nachdem er sein Glas geleert hatte, fügte er hinzu:

»Gehen wir schlafen!«

Am nächsten Morgen ließ er sich dennoch einige Minuten vor dem Rapport beim Direktor anmelden, und der Chef sah ihm sofort an, daß ihm etwas zu schaffen machte.

»Wo drückt denn der Schuh, Maigret?«

Er versuchte, ihm die Sache mit den beiden Besuchen so kurz und bündig wie möglich zu erzählen. Die erste Reaktion seines Vorgesetzten bestand darin, daß er ihn mit einer gewissen Verwunderung betrachtete.

»Ich verstehe nicht, was Ihnen da Kopfzerbrechen bereitet. Solange bei uns keine formelle Anzeige eingeht...«

»Das ist es ja gerade. Jeder ist gekommen und hat mir seine kleine Geschichte erzählt. Und jede Geschichte für sich ist nicht sonderlich beunruhigend. Aber versucht man, sie in Einklang zu bringen, dann merkt man, daß da irgend etwas nicht zusammenpaßt... Im übrigen bringe ich Ihnen Ihr Buch zurück...«

Er legte es auf den Schreibtisch, und der Direktor schaute auf den Titel, dann schaute er den Kommissar mit noch größerer Verwunderung an.

»Verstehen Sie mich nicht falsch, Chef! Und glauben Sie bloß nicht, daß ich mich von diesem Schmöker habe beeindrucken lassen! Ich behaupte ja nicht, daß einer der beiden vollkommen verrückt sei. Trotzdem ist da etwas, was nicht stimmt. Zwei Personen, ein Mann und seine Frau, haben mich doch nicht grundlos am selben Tag aufgesucht und so getan, als wollten sie beichten. Wenn wir morgen oder in einer Woche oder in einem Monat erfahren sollten, daß es eine Leiche gibt, hätte ich kein ruhiges Gewissen...«

»Glauben Sie das?«

»Ich weiß es nicht. Ich glaube es, und glaube es doch

nicht. Es ist fast wie eine Ermittlung in umgekehrter Richtung. Für gewöhnlich geschieht ein Verbrechen, und erst wenn es begangen wurde, müssen wir nach den Motiven forschen. Diesmal haben wir Motive, aber noch kein Verbrechen.«

»Meinen Sie nicht, daß es Tausende von Fällen gibt, in denen ein Verbrechen ausbleibt, obwohl Motive dafür vorhanden sind?«

»Davon bin ich überzeugt. Nur, in diesen Fällen ist noch keiner zu mir gekommen, um sich *vorher* darüber auszulassen.«

Der Chef überlegte einen Augenblick.

»Allmählich begreife ich.«

»Im derzeitigen Stadium kann ich nichts machen. Vor allem nach der jüngsten Pressekampagne gegen die Freiheiten, die sich die Polizei im Umgang mit Verdächtigen herausgenommen hat.«

»Was nun?«

»Ich bin hergekommen, weil ich Sie um die Erlaubnis bitten möchte, für alle Fälle mit dem Oberstaatsanwalt darüber zu reden.«

»Damit er eine Untersuchung anordnet?«

»So ungefähr. Jedenfalls, um mein Gewissen zu beruhigen.«

»Ich bezweifle, daß Sie Erfolg haben werden.«

»Ich auch.«

»Probieren Sie's, wenn Ihr Seelenfrieden davon abhängt.«

»Danke, Chef.«

Er hatte nicht genau das gesagt, was er sich vorgenommen hatte. Das lag zweifellos daran, daß der Sachverhalt zu kompliziert war, noch zu verworren. Während er tags zuvor um diese Zeit noch nie etwas von den Martons gehört hatte, ließ nun der Fachmann für elektrische Eisenbahnen seine Gedanken nicht mehr zur Ruhe kommen, und auch die elegante junge Frau nicht, die ihm, wie er sich selbst eingestand, entschlossen die Stirn geboten hatte, obwohl er alles getan hatte, um sie zu verunsichern.

Das ging so weit, daß er sich sogar um die verwitwete und, wenn man Janvier glauben durfte, rührende Schwägerin Sorgen machte, als würde er sie von jeher kennen.

»Hallo! Hier ist Maigret. Würden Sie bitte in meinem Namen den Herrn Oberstaatsanwalt fragen, ob er ein paar Minuten Zeit für mich hätte? Heute vormittag, wenn möglich, ja... Hallo... Ich bleibe am Apparat...«

Das Amtszimmer des Oberstaatsanwalts lag ebenfalls im Palais de Justice, im selben Gebäude, aber in einer anderen Welt, in der geschnitzte Holzvertäfelungen die Wände zierten und wo man mit gedämpfter Stimme sprach.

»Sofort?... Ja... Ich komme...«

Er durchschritt die Glastür, die diese beiden Welten voneinander trennte, begegnete einigen Anwälten in schwarzer Robe, entdeckte Leute, die er Wochen oder Monate zuvor in die Hände bekommen hatte und die jetzt zwischen zwei Polizisten neben Türen ohne Namensschilder warteten. Manche schienen sich zu freuen, ihn wiederzusehen, und begrüßten ihn nahezu freundschaftlich.

»Wenn Sie sich einen Augenblick gedulden wollen, der Herr Oberstaatsanwalt empfängt Sie sicher gleich...«

Es war fast so eindrucksvoll wie auf dem Gymnasium, wenn man das Büro des Rektors zu betreten hatte.

»Kommen Sie herein, Maigret... Sie haben mich sprechen wollen?... Es gibt doch nicht etwa etwas Neues?...«

»Ich möchte Ihnen gern einen Fall schildern, der beinahe eine Gewissensfrage ist...«

Er erzählte die Geschichte sehr schlecht, noch viel schlechter, als er sie dem Direktor der Kriminalpolizei erzählt hatte.

»Wenn ich recht verstehe, haben Sie den Eindruck, daß sich ein Zwischenfall, vielleicht gar ein Verbrechen, ereignen wird?«

»So ist es in etwa.«

»Aber dieser Eindruck stützt sich auf nichts Konkretes, sondern nur auf die vagen vertraulichen Mitteilungen eines Mannes und auf die Erklärungen, die dessen Frau danach von sich aus abgegeben hat? Sagen Sie mal, Maigret, wie viele Verrückte, Halbverrückte, Sonderlinge oder ganz einfach nur Originale empfangen Sie jährlich in Ihrem Büro?«

»Hunderte...«

»Und ich, ich bekomme hier Tausende von Briefen von ebendiesen Leuten.«

Der Oberstaatsanwalt sah ihn schweigend an, als hätte er damit bereits alles gesagt.

»Ich würde trotzdem gern Ermittlungen aufnehmen«, murmelte der Kommissar zaghaft.

»Was für Ermittlungen? Nur heraus mit der Sprache! Wollen Sie die Nachbarn, die Arbeitgeber, die Schwägerin, die Lieferanten und was weiß ich wen ausfragen? Zunächst sehe ich nicht ein, was Ihnen das bringen würde. Und wenn die Martons miteinander nicht auskommen, dann ist es doch ihr gutes Recht, sich zu beklagen...«

»Ich weiß...«

»Wir haben keine Möglichkeit dazu, den einen oder den anderen zu zwingen, sich von einem Psychiater untersuchen zu lassen, solange keiner der beiden Ehegatten einen formellen Antrag gestellt hat. Und selbst dann...«

»Und wenn ein Verbrechen begangen wird...«

Kurzes Schweigen. Leichtes Schulterzucken.

»Das wäre bedauerlich, gewiß, aber wir könnten nichts dafür. In dem Fall müßten wir wenigstens nicht weit gehen, um den Schuldigen zu finden.«

»Erlauben Sie trotzdem, daß ich sie beschatten lasse?«

»Nur unter der Bedingung, daß es so diskret geschieht, daß wir keinen Ärger bekommen. Und dann noch eine Bedingung: Es darf nicht dazu führen, daß Sie Inspektoren einsetzen, die anderswo nützlicher wären...«

»Bei uns herrscht gerade Flaute...«

»Diese Zeiten dauern nie lange. Wollen Sie wissen, wie ich die Sache wirklich sehe? Sie haben übertriebene Skrupel. An Ihrer Stelle, Maigret, würde ich mich nicht mehr darum kümmern. Noch einmal: So wie die Dinge stehen, haben wir kein Recht dazu einzugreifen, und auch keine Möglichkeit. Ich bin überzeugt davon, daß es um uns herum Tausende solcher Geschichten zwischen Eheleuten gibt, die sich gegenseitig verdächtigen...«

»Aber von denen bittet mich weder der Mann noch die Frau um Hilfe.«

»Haben die beiden Sie denn wirklich um etwas gebeten?«

Er mußte zugeben, daß das nicht der Fall war. Marton hatte ihn schließlich um nichts gebeten. Madame Marton auch nicht. Die Schwester Jenny noch weniger.

»Verzeihen Sie, daß ich Sie jetzt verabschieden muß. Ich werde von einigen Leuten erwartet, und für elf Uhr bin ich im Ministerium verabredet.«

»Entschuldigen Sie bitte, daß ich Sie gestört habe.«

Maigret war mit sich unzufrieden. Er hatte das Gefühl, seine Sache schlecht vertreten zu haben. Vielleicht hätte er sich am Abend zuvor nicht auf das Buch über Psychiatrie einlassen sollen.

Er ging zur Tür. Der Oberstaatsanwalt rief ihn im letzten Moment noch einmal zurück, und sein Tonfall hatte sich vollkommen verändert, seine Stimme klang plötzlich so kalt, als hielte er eine seiner berühmten Anklagereden.

»Es versteht sich wohl von selbst, daß ich Sie nicht im geringsten decke und Ihnen untersagt habe, sich mit dieser Sache zu befassen, ehe nicht eine neue Entwicklung eingetreten ist.«

»In Ordnung, Herr Oberstaatsanwalt.«

Und draußen im Flur schimpfte er mißmutig vor sich hin:

»... neue Entwicklung ... neue Entwicklung ...«

Wen wird diese *neue Entwicklung* wohl treffen, das heißt, wer wird das Opfer sein? Er oder sie?

Er schloß die Glastür so heftig, daß beinahe die Scheiben sprangen.

4

Das Restaurant in der Rue Coquillière

Es war nicht das erste und sicher nicht das letzte Mal, daß Maigret beim Verlassen der Staatsanwaltschaft wütend war, und seine Händel mit manchen Richtern, besonders mit Richter Coméliau, der seit über zwanzig Jahren so etwas wie sein Intimfeind war, hatten am Quai des Orfèvres legendären Ruf.

Wenn er nicht erregt war, nahm er die Feindseligkeit zwischen den beiden Bereichen nicht tragisch. Diesseits wie jenseits der Glastür erfüllte jeder, oder fast jeder, gewissenhaft seine Aufgabe, und es waren dieselben Leute: Gestrauchelte und Verbrecher, Tatverdächtige und Zeugen, die der Reihe nach ihre Amtsstuben passierten.

Das, was den größten Unterschied ausmachte, was unterschwellige Konflikte auslöste, war der jeweils andere Gesichtspunkt, unter dem jeder die Dinge betrachtete. Doch ergab sich dieser nicht unmittelbar aus der Herkunft der einen wie der anderen? Die Leute der Staatsanwaltschaft, also die Staatsanwälte, ihre Vertreter oder die Untersuchungsrichter, gehörten fast alle den mittleren, wenn nicht gar oberen Schichten des Bürgertums an. Ihre Lebensweise, nach rein theoretischen Studien, brachte sie außerhalb ihrer Dienstzimmer kaum mit jenen in Berührung, die sie im Namen der Gesellschaft zu verfolgen hatten.

Daher kam ihre gewissermaßen angeborene Verständnislosigkeit für manche Probleme, ihre ärgerliche Haltung angesichts mancher Fälle, die die Männer der Kriminalpolizei, die sozusagen ständig und hautnah mit der Welt des Verbrechens auf Tuchfühlung standen, instinktiv beurteilten.

Im Palais de Justice neigte man obendrein zu einer gewissen Heuchelei. Trotz scheinbarer Unabhängigkeit, über die viel geredet wurde, fürchtete man hier ein Stirnrunzeln des Ministers mehr als anderswo, und wenn sich eine Angelegenheit, die die öffentliche Meinung bewegte, ein wenig in die Länge zog, dann trieb man die Polizei an, die nie schnell genug voranschritt. Sollte sie sehen, wie sie zu Rande kam, und sich eben der erforderlichen Mittel bedienen.

Aber wehe, die Zeitungen kritisierten diese Mittel, dann hatten die Justizbeamten der Staatsanwaltschaft nichts Eiligeres zu tun, als sich mit ihnen darüber zu entrüsten.

Nicht ohne Grund hatte der Kommissar den Oberstaatsanwalt aufgesucht. Wie das immer wieder einmal vorkam, befand man sich gerade in einer schwierigen Lage. Ein Vorfall, der zum Glück nicht der Kriminalpolizei, sondern der Sûreté in der Rue des Saussaies anzulasten war, hatte schlimme Folgen nach sich gezogen und zu einer Anfrage im Parlament geführt.

In einem Nachtlokal hatte der Sohn eines Abgeordneten einen Inspektor, der ihm, wie er behauptete, schon seit Tagen gefolgt war, heftig verprügelt. Daraus war eine Massenschlägerei entstanden. Die Sache ließ sich nicht vertuschen, und die Sûreté mußte zugeben, daß sie gegen den jungen Mann ermittelte, weil er unter dem Verdacht stand, nicht nur dem Heroin verfallen, sondern auch als Schlepper für Rauschgifthändler tätig zu sein.

Daraufhin war es zu einer widerwärtigen Enthüllung gekommen. Nach Aussagen des Abgeordneten, dessen Sohn die Schlägerei ausgelöst hatte, war einer der Dealer ein Polizeispitzel gewesen, und der Vater behauptete, daß man, um ihn als Politiker zu kompromittieren, den jungen Mann gezielt, auf Weisung von der Place Beauvau, also im Auftrag des Innenministeriums, unter Drogen gesetzt hatte.

Wie der Zufall es so wollte – ein Unglück kommt selten allein –, war eine Woche später in einem Kommissariat jemand mißhandelt worden.

Seit einiger Zeit also hatte die Polizei eine schlechte Presse, und Maigret hatte es an diesem Morgen für besser gehalten, Vorsichtsmaßnahmen zu treffen.

Wieder in seinem Büro, war er trotzdem dazu entschlossen, die erhaltenen Anweisungen zu umgehen, zumal derartige Anweisungen nie erteilt werden, um wortwörtlich befolgt zu werden. Der Oberstaatsanwalt hatte sich einfach nur abgesichert, und falls man morgen in der Avenue de Châtillon einen Toten vorfände, wäre er der erste, der dem Kommissar seine Tatenlosigkeit vorwerfen würde.

Da er nun einmal mogeln mußte, mogelte er eben, allerdings ohne Begeisterung. Janvier konnte er nicht mehr einsetzen, weil der, was seltsam genug war, Marton in den Magasins du Louvre sofort aufgefallen war und sich im Haus der Martons bereits hatte blicken lassen.

Von allen anderen würde gewiß Lucas den größten

Spürsinn und das beste Fingerspitzengefühl beweisen, aber Lucas hatte einen Nachteil: Man erriet seinen Beruf auf Anhieb.

Er entschied sich für den jungen Lapointe, der zwar weniger geübt, weniger erfahren war, der aber oft für einen Studenten oder jungen Angestellten gehalten wurde.

»Hören Sie, mein Lieber…«

Ausführlich und umständlich erteilte er ihm seine Anweisungen, mit um so mehr Einzelheiten, als diese Anweisungen im Grunde recht vage waren. Er sollte zunächst, ohne sich lange dort aufzuhalten und ohne viel zu fragen, in den Magasins du Louvre irgendein Spielzeug kaufen, damit er Marton zu Gesicht bekam und ihn später wiedererkannte.

Dann sollte er um die Mittagszeit in der Nähe des Personaleingangs herumschlendern und dem Fachmann für elektrische Eisenbahnen unauffällig folgen.

Wenn nötig, war das am Abend zu wiederholen. In der Zwischenzeit, während des Nachmittags, sollte er sich in dem Wäschegeschäft in der Rue Saint-Honoré umsehen.

»Es steht Ihnen nicht ins Gesicht geschrieben, daß Sie nicht verlobt sind…«

Lapointe wurde rot, denn er war beinahe verlobt. Beinahe nur, weil es noch nicht offiziell war.

»Sie könnten doch zum Beispiel Ihrer Braut ein Nachthemd kaufen. Wenn's geht, kein zu teures…«

Und Lapointe entgegnete schüchtern:

»Glauben Sie wirklich, man schenkt seiner Braut ein Nachthemd? Ist das nicht etwas zu persönlich?«

Danach würde man weitersehen, wie sich möglichst unauffällig mehr über das Ehepaar Marton und die junge Schwägerin herausfinden ließe.

Als Lapointe gegangen war, arbeitete Maigret: Er unterschrieb Briefe und andere Schriftstücke und hörte sich die Berichte der Inspektoren über belanglose Fälle an. Marton und seine Frau überschatteten jedoch, wie unverrückbar, auch weiterhin alles, womit er sich vordergründig beschäftigte.

Er hegte eine schwache Hoffnung, an die er selbst nicht so recht glaubte: daß man ihm melden würde, Xavier Marton wolle ihn sprechen.

Warum eigentlich nicht? War er tags zuvor, während Maigret bei seinem Chef war, nicht deshalb gegangen, weil die Zeit um war, die er sich für den Besuch genommen hatte, weil er vor Ablauf einer bestimmten Frist wieder im Warenhaus sein mußte? In diesen Unternehmen herrschte strenge Disziplin. Maigret wußte das sehr genau, da er zu Beginn seiner Laufbahn fast zwei Jahre lang in großen Warenhäusern Dienst getan hatte. Er kannte die Atmosphäre dort, dieses Räderwerk, die Vorschriften und die Intrigen.

Mittags fuhr er zum Essen nach Hause, zum Boulevard Richard-Lenoir, und stellte fest, daß es zum drittenmal hintereinander Gegrilltes gab. Ihm fiel noch rechtzeitig der Besuch seiner Frau bei Pardon ein. Sie mußte wohl damit rechnen, daß er sich über den neuen Speiseplan wunderte, und hatte sich bestimmt eine mehr oder weniger plausible Erklärung dafür zurechtgelegt.

Er ersparte ihr diese unangenehme Situation und behandelte sie liebevoll, vielleicht ein wenig zu liebevoll, denn sie beobachtete ihn mit einem Anflug von Besorgnis.

Selbstverständlich dachte er nicht ununterbrochen an das Trio aus der Avenue de Châtillon. Die Sache kam ihm nur immer wieder in den Sinn, streifte sein Denken, ohne daß er sich dessen bewußt wurde.

Sie war so etwas wie ein Puzzle, und sie reizte ihn auch wie ein Puzzle, zu dem man unwillkürlich zurückkehrt und versucht, ein weiteres Teil an seinen Platz zu rücken. Der Unterschied bestand nur darin, daß die Teile in diesem Fall gewissermaßen Bruchstücke menschlicher Wesen waren.

Hatte er sich gegenüber Gisèle Marton, deren Lippen beim Weggehen bebten, als wäre ihr zum Weinen zumute gewesen, gefühllos benommen?

Möglich war es. Doch das war nicht seine Absicht gewesen. Daß er versuchte, etwas zu erfahren, gehörte schließlich zu seinem Beruf. Im Grunde war sie ihm eigentlich sympathisch, wie übrigens auch ihr Mann.

Er hegte viel Sympathie für Ehepaare, und wenn sich zwischen einem Mann und einer Frau, die sich einmal geliebt hatten, Zwietracht einnistete, dann traf ihn das jedesmal persönlich.

Diese zwei mußten sich geliebt haben, als sie noch beide in den Magasins du Louvre arbeiteten, in jener Zeit, in der sie nur die zwei Zimmer ohne allen Komfort über der Werkstatt bewohnten.

Nach und nach hatten sie ihre Wohnung verschönert. Als der Schreiner ausgezogen war, hatten sie sich vergrößert und das Erdgeschoß dazugemietet, das, wie Janvier berichtete, ein hübscher Raum geworden war, und sie hatten eine Innentreppe einbauen lassen, damit sie nicht mehr ins

Freie mußten, um von einer Etage in die andere zu gelangen.

Jetzt hatten beide das, was man eine gute Position nennt, und sie hatten sich sogar ein Auto gekauft.

Dennoch saß da der Wurm drin, das war offensichtlich. Aber wo?

Ein Gedanke ging ihm durch den Kopf, und er sollte ihm noch mehrmals kommen. Martons Besuch bei Doktor Steiner ließ ihm keine Ruhe, denn er entsann sich nicht, daß er in seiner ganzen Laufbahn jemals einem Menschen begegnet wäre, der zu einem Neurologen oder einem Psychiater gegangen war, um ihn zu fragen:

›Glauben Sie, daß ich verrückt bin?‹

Er sagte sich, daß Marton, zufällig oder auch nicht, vielleicht nur ein Buch über Psychiatrie gelesen hatte, eins von der Sorte wie das, das er selbst am Abend zuvor überflogen hatte.

Während er so über die Leute aus der Avenue de Châtillon nachdachte, nahm Maigret Telefongespräche entgegen, empfing eine Geschäftsfrau, die sich über einen Schaufensterdiebstahl beklagte und die er zum Kommissar ihres Viertels schickte, und er lungerte im Inspektorenbüro herum, in dem noch immer Flaute herrschte.

Lapointe gab kein Lebenszeichen von sich, und gegen fünf Uhr setzte Maigret sich wieder an seinen Schreibtisch, wo er auf einen gelben Aktendeckel einzelne Wörter untereinanderschrieb.

Als erstes notierte er: *Frustration.*

Dann: *Minderwertigkeitskomplex.*

Das waren Begriffe, die er für gewöhnlich nicht benutzte

und vor denen er sich hütete. Vor Jahren hatte er einmal einen Inspektor in seiner Abteilung, der frisch von der Universität gekommen und nur wenige Monate am Quai geblieben war. Er dürfte jetzt in einer Rechtsabteilung arbeiten. Der hatte Freud, Adler und andere mehr gelesen und war davon so geprägt gewesen, daß er alle Fälle mit Hilfe der Psychoanalyse erklären wollte.

In der kurzen Zeit, in der er bei der Kriminalpolizei gewesen war, hatte er sich jedesmal geirrt, und seine Kollegen hatten ihm den Spitznamen Inspektor Komplex gegeben.

Der Fall von Xavier Marton war nichtsdestoweniger seltsam, und zwar insofern, als man hätte meinen können, er wäre leibhaftig den Seiten des Buchs entstiegen, das Maigret tags zuvor gelesen und das er schließlich unwillig wieder zugeklappt hatte.

Ganze Seiten des Werks handelten von der Frustration und ihren Auswirkungen auf das Verhalten des einzelnen. Es wurden Beispiele genannt, die ein Porträt Martons hätten sein können.

Als Fürsorgezögling hatte er seine Kindheit auf einem kleinen Gehöft in der Sologne verbracht, bei armen, ungebildeten und groben Bauern, die ihm die Bücher aus der Hand rissen, wenn sie ihn beim Lesen ertappten.

Dennoch hatte er auf gut Glück gierig alles Gedruckte gelesen, dessen er habhaft werden konnte, wobei er von einem Groschenroman zu einem wissenschaftlichen Werk überging, von Technischem zu Gedichten, und wahllos Gutes wie Schlechtes verschlang.

Einen ersten Schritt hatte er geschafft, als er in ein

großes Warenhaus eintrat, wo man ihm anfangs nur die niedrigsten Aufgaben übertrug.

Etwas war bezeichnend. Sobald Marton die Möglichkeit dazu hatte, wohnte er nicht länger in mehr oder weniger schäbigen Untermietzimmern, wie die meisten, die in Paris starteten, sondern er bezog eine eigene Wohnung. Es waren zwar nur zwei Zimmer hinten in einem Hof, die Einrichtung war äußerst bescheiden, Komfort gab es nicht, aber es waren die eigenen vier Wände.

Er stieg auf. Er malte sich bereits eine geregelte, gutbürgerliche Existenz aus, und seine Hauptsorge bestand darin, wie er mit kargen Mitteln sein Heim wohnlicher gestalten konnte.

Das war es, was Maigret unter der Rubrik ›Minderwertigkeitskomplex‹ vermerkte. Genauer gesagt, das war Martons Reaktion auf diesen Komplex.

Der Mann hatte das Bedürfnis nach Sicherheit. Er hatte aber auch das Bedürfnis, den anderen zu zeigen, daß er kein minderwertiges Wesen war, und er arbeitete verbissen daran, auf seinem Gebiet ein unbestrittenes As zu werden.

Sah er sich im Geist nicht ein wenig als *König der elektrischen Eisenbahn*?

Er wurde jemand. Er war jemand geworden. Und als er heiratete, da entschied er sich für ein junges Mädchen aus gutbürgerlichem Hause, die Tochter eines Lehrers, die ihr Abitur gemacht hatte und die sich in ihrem Auftreten von den kleinen Verkäuferinnen unterschied, die ihn umgaben.

Zögernd setzte Maigret ein drittes Wort dazu: *Demütigung.*

Seine Frau hatte ihn überholt. Sie arbeitete jetzt beinahe

auf eigene Rechnung, in einem Luxusgeschäft, in dem sie täglich mit Frauen zusammentraf, die im Blickfeld der Öffentlichkeit standen, Frauen der besten Pariser Gesellschaft. Sie verdiente mehr als er.

Gewisse Sätze seiner Lektüre vom vergangenen Abend waren Maigret in Erinnerung geblieben. Er entsann sich nicht mehr des genauen Wortlauts, aber unwillkürlich versuchte er, sie auf sein Problem anzuwenden.

Einer besagte zum Beispiel im wesentlichen: *Psychopathen schließen sich in ihre eigene Welt ein, in eine Traumwelt, die für sie größere Bedeutung erlangt als die Realität.* Es war etwas anders formuliert, aber er würde sich nicht die Blöße geben, jetzt zu seinem Chef zu gehen und das Buch wieder zu holen, um erneut darin nachzulesen.

Im übrigen glaubte er nicht wirklich daran. Das alles waren nur Spekulationen ins Blaue.

Entsprachen allerdings die elektrischen Eisenbahnen, die man nicht nur in der Rue de Rivoli, sondern auch im Atelier der Avenue de Châtillon fand, nicht ziemlich genau dieser *Traumwelt*, dieser *in sich geschlossenen Welt*?

Xavier Martons Ruhe während der Unterredung am Quai des Orfèvres, der Anschein der Logik in seiner Schilderung riefen ihm eine andere Stelle ins Gedächtnis.

Maigret erinnerte sich nicht mehr daran, ob er es unter der Rubrik der Neurosen, der Psychosen oder der Paranoia gelesen hatte, denn die Grenzen zwischen diesen verschiedenen Bereichen schienen ihm nicht sehr klar zu sein.

... von falschen Prämissen ausgehend ...

Nein. Der Text lautete anders.

... unter falschen oder eingebildeten Prämissen zieht der

Kranke unwiderlegbare Schlußfolgerungen, die bisweilen scharfsinnig und brillant sind...

Etwas in dieser Art hatte er auch zum Thema Verfolgungswahn gelesen, aber da hieß es: *...Der sich verfolgt Fühlende geht von Tatsachen aus, aus denen er scheinbar logische Schlüsse zieht...*

Das Zinkphosphid existierte tatsächlich. Und haftete der Verbindung Harris – Gisèle Marton, oder vielmehr Maurice Schwob – Gisèle Marton, nicht eine gewisse Zweideutigkeit an, die den Ehemann nicht ungerührt lassen konnte?

Am verwirrendsten an dieser Geschichte war, daß bei genauerem Hinsehen das Verhalten der jungen Frau, sofern man dieselben Texte zugrunde legte, zu einer beinahe identischen Diagnose führte.

Auch sie war intelligent, setzte sich anscheinend logisch mit ihrer Lage auseinander. Auch sie...

»Verdammt!«

Maigret suchte einen Radiergummi, um die Wörter, die er aufgeschrieben hatte, wieder von dem gelben Aktendeckel zu entfernen, stopfte eine Pfeife und stellte sich vors Fenster, hinter dem er in der Dunkelheit nur die Lichtpunkte der Straßenlaternen ausmachen konnte.

Als der junge Lapointe eine halbe Stunde später an seine Tür klopfte, füllte er gerade ohne Begeisterung einen amtlichen Fragebogen aus.

Lapointe, der Glückliche, der kam von draußen, aus dem wirklichen Leben, und in den Falten seines Mantels hing noch ein Hauch frischer Luft, seine Nase war von der Kälte gerötet, und er rieb seine Hände aneinander, um sie aufzuwärmen.

»Ich habe getan, was Sie mir gesagt haben, Chef...«

»Hat er keinen Verdacht geschöpft?«

»Ich glaube nicht, daß er mich bemerkt hat.«

»Erzähl!«

»Ich bin zuerst in die Spielwarenabteilung hinaufgegangen und habe das Billigste, was ich finden konnte, gekauft, ein kleines Auto, das man nicht einmal aufziehen kann...«

Er holte es aus seiner Tasche und legte es auf den Schreibtisch. Es war kanariengelb.

»Hundertzehn Franc. Marton hab ich nach Ihrer Beschreibung sofort erkannt, aber bedient hat mich eine Verkäuferin. Vor der Mittagspause habe ich mich dann noch in der Rue Saint-Honoré umgesehen, bin aber nicht in das Geschäft hineingegangen. Es liegt in der Nähe der Place Vendôme. Ein schmales Schaufenster, in dem fast nichts ausgestellt ist: ein Morgenrock, eine Garnitur aus schwarzer Seide und ein Paar Pantoffeln aus goldbesticktem Satin. Über dem Fenster stehen nur zwei Wörter: *Harris, Wäsche.* Drinnen sieht es mehr nach einem Salon als nach einem Geschäft aus, und man merkt sofort, daß es ein Luxusladen ist.«

»Hast du sie gesehen?«

»Ja. Darauf komme ich später noch. Langsam mußte ich zum Louvre zurück, wo ich dann in der Nähe des Personaleingangs gewartet habe. Um zwölf entstand ein richtiges Gedränge, wie am Ausgang einer Schule, und alle hasteten in die umliegenden Restaurants. Marton kam heraus, hatte es noch eiliger als die anderen und ging sehr schnell die Rue du Louvre entlang. Er hat erst suchend um sich geschaut und sich unterwegs dann noch zwei- oder dreimal umgedreht, ohne mich zu beachten. Um diese Zeit herrscht viel Verkehr, und die Gehsteige sind überfüllt...

Er bog nach links in die Rue Coquillière ein, wo er nach etwa hundert Metern ein kleines Restaurant betrat, das ›Trou Normand‹ heißt. Der Name steht in gelben Buchstaben auf der braun gestrichenen Fassade, und die hektographierte Speisekarte hängt links vom Eingang.

Ich hab erst ein bißchen gewartet und bin dann eine Weile nach ihm auch hineingegangen. Es war voll. Anscheinend lauter Stammgäste, und an einer Wand hängt sogar ein Regal, auf dem sie ihre Servietten deponieren. Ich stellte mich an die Theke und trank einen Aperitif.

›Kann ich hier essen?‹

Der Wirt, in blauer Schürze, sah sich im Lokal um, in dem nur an die zehn Tische stehen.

›In ein paar Minuten wird ein Platz frei. Nummer drei ist schon beim Käse.‹

Marton saß hinten, dicht neben der Tür zur Küche, er war allein, und auf dem Papiertischtuch stand nur ein Gedeck. Ihm gegenüber war noch ein Platz frei. Er sagte etwas zu einer der beiden Kellnerinnen, die ihn zu kennen schien. Sie brachte ein zweites Gedeck.

Einige Minuten vergingen. Marton hatte inzwischen eine Zeitung aufgeschlagen und schaute immer wieder über ihren Rand zur Tür hin.

Bald danach kam denn auch eine Frau herein, steuerte sofort seinen Tisch an und setzte sich ganz selbstverständlich auf den freien Stuhl. Sie haben sich weder umarmt noch die Hand gegeben. Sie haben sich nur angelächelt, und mir ist es so vorgekommen, als wäre ihr Lächeln ein wenig traurig, zumindest ein bißchen melancholisch.«

»Seine Frau war es nicht?« unterbrach Maigret.

»Nein. Seine Frau hatte ich ja gerade vorher in der Rue Saint-Honoré zu Gesicht bekommen, und von der erzähle ich Ihnen später. Nach dem, was Sie mir gesagt haben, war es die Schwägerin. Alter und Aussehen stimmen überein. Ich weiß nicht, wie ich es erklären soll...«

Sieh mal einer an! Janvier hatte fast dieselben Worte gebraucht, als er von dieser Frau sprach.

»Man hat den Eindruck, daß sie eine richtige Frau ist, ich weiß nicht, ob Sie verstehen, was ich damit sagen will, eine Frau, die dafür wie geschaffen ist, einen Mann zu lieben. Und zwar auf keine gewöhnliche Art, sondern so, wie alle Männer es sich erträumen, geliebt zu werden...«

Maigret mußte lächeln, als er sah, wie Lapointe rot wurde.

»Bist du nicht so gut wie verlobt?«

»Ich versuche ja nur, Ihnen zu erklären, welche Wirkung sie auf die meisten Menschen ausüben muß. Man begegnet manchmal so einer Frau, bei der man sofort denkt...«

Er fand nicht mehr die richtigen Worte.

»Was?«

»Man stellt sich unwillkürlich vor, wie sie sich in die Arme ihres Freundes schmiegt, man spürt fast ihre Wärme... Gleichzeitig weiß man sofort, daß sie nur einem gehört, daß sie wirklich liebt, daß es die wahre Liebe ist... Ich hab dann bald einen Platz bekommen, zwei Tische von ihnen entfernt, aber diesen ersten Eindruck bin ich während des ganzen Essens nicht losgeworden. Sie haben sich völlig unverfänglich benommen… Sie haben nicht Händchen gehalten… Ich glaub, sie haben sich nicht einmal in die Augen gesehen… Und trotzdem…«

»Du glaubst also, daß sie sich lieben?«

»Ich glaube es nicht. Ich bin dessen sicher. Sogar die Kellnerin in schwarzem Kleid und mit weißer Schürze, eine lange Bohnenstange mit unordentlicher Frisur, bediente sie anders als die übrigen Gäste und schien sich mit ihnen verbünden zu wollen…«

»Aber du hast doch am Anfang gesagt, daß sie traurig waren.«

»Sagen wir mal, ernst… Ich weiß nicht, Chef… Ich bin sicher, daß sie nicht unglücklich sind, weil man nicht wirklich unglücklich sein kann, wenn man…«

Maigret lächelte einmal mehr, als er sich fragte, wie zum Beispiel der Bericht eines Lucas ausgefallen wäre, der gewiß anders reagiert hätte als der junge Lapointe.

»Nicht unglücklich, aber doch traurig, wie Verliebte, die ihre Liebe nicht zeigen dürfen.«

»Wenn Sie so wollen. Einmal ist er aufgestanden, um ihr den Mantel abzunehmen, nur weil sie einen Blick auf den Ofen geworfen hatte. Es war ein schwarzer Wollmantel mit ein bißchen Pelz am Kragen und an den Ärmeln. Sie hat auch ein schwarzes Kleid angehabt, aus Jersey, und es hat mich eigentlich überrascht, daß sie beinahe pummelig ist…

Er hat mehrmals auf die Uhr geschaut. Dann hat er die Kellnerin gebeten, ihm schon seinen Nachtisch und den Kaffee zu bringen, obwohl seine Begleiterin erst beim Kalbsbraten war.

Während sie noch gegessen hat, ist er aufgestanden und

hat ihr zum Abschied die Hand auf die Schulter gelegt, es war eine schlichte und zugleich zärtliche Geste.

An der Tür hat er sich noch einmal umgedreht. Sie hat ihn angelächelt, und er hat ihr zugezwinkert...

Ich weiß nicht, ob es richtig war, daß ich dageblieben bin. Aber ich hab mir gedacht, er würde ins Warenhaus zurückkehren. Ich war mit meinem Mittagessen fast zur selben Zeit fertig wie die Frau. Marton hatte für beide bezahlt, bevor er wegging. Ich hab auch bezahlt und das Restaurant unmittelbar nach ihr verlassen. Sie ist gemächlich zum Bus Richtung Porte d'Orléans geschlendert. Weil ich angenommen habe, daß sie in die Avenue de Châtillon zurückfahren würde, bin ich ihr nicht gefolgt. War das verkehrt?«

»Das war ganz richtig. Und dann?«

»Dann bin ich ein bißchen herumgelaufen, bevor ich in die Rue Saint-Honoré ging, denn die Luxusgeschäfte machen kaum vor zwei Uhr auf, manche nicht vor halb drei. Ich wollte nicht zu früh dort sein. Außerdem muß ich zugeben, daß ich ein bißchen Bammel hatte. Und schließlich wollte ich ja auch den Inhaber zu Gesicht bekommen und dachte mir, daß er wahrscheinlich ein Mann ist, der in einem der vornehmen Restaurants speist und nicht unter Zeitdruck steht.«

Maigret betrachtete Lapointe mit ein wenig väterlichem Wohlwollen, denn er hatte ihn vor zwei Jahren unter seine Fittiche genommen, als der junge Mann damals am Quai des Orfèvres anfing, wo er erstaunliche Fortschritte gemacht hatte.

»Ich muß Ihnen etwas gestehen, Chef. Der Gedanke, daß ich so einen Laden betreten sollte, hatte mich dermaßen eingeschüchtert, daß ich mir erst einmal einen Calvados genehmigt habe.«

»Erzähl weiter!«

»Ich war schon drauf und dran, die Glastür aufzumachen, als ich zwei ältere Damen in Nerzmänteln entdeckte, die in bequemen Sesseln der Verkäuferin gegenübersaßen, und da traute ich mich nicht rein. Ich blieb draußen, bis sie weggingen. Ein Rolls-Royce mit Chauffeur hat in der Nähe auf sie gewartet.

Aus Angst, daß eine neue Kundin kommen könnte, sauste ich hinein.

Am Anfang habe ich mich gar nicht umgesehen, so überwältigt war ich.

›Ich möchte gern ein Nachthemd für ein junges Mädchen‹, begann ich mein Sprüchlein.

Vermutlich war es Madame Marton, die vor mir stand. Übrigens, als ich sie etwas später genauer anschaute, habe ich eine gewisse Ähnlichkeit mit der jungen Frau aus dem ›Trou Normand‹ festgestellt. Madame Marton ist ein bißchen größer, auch gut gebaut, aber ihr Körper wirkt etwas härter, sozusagen wie gemeißelt. Verstehen Sie, was ich meine?

›Was für ein Nachthemd soll es sein?‹ hat sie mich gefragt. ›Setzen Sie sich doch …‹

Das ist nämlich kein Geschäft, in dem man stehen bleibt. Ich hab Ihnen ja schon gesagt, daß es da drinnen wie in einem Salon aussieht. Im Hintergrund verdecken Vorhänge so etwas wie Logen, die wohl für die Anprobe benutzt werden, in einer habe ich einen großen Spiegel und einen Hokker aus Rohrgeflecht gesehen.

›Welche Größe hat die junge Dame?‹

›Sie ist ein bißchen kleiner als Sie, schmaler in den Schultern...‹

Ich glaube nicht, daß sie Verdacht geschöpft hat. Sie hat mich die ganze Zeit mit gönnerhafter Miene betrachtet, und ich habe gespürt, daß sie dachte, ich müßte mich wohl in der Adresse geirrt haben.

›Hier haben wir eins in Naturseide mit echter Spitze. Es soll doch sicher ein Geschenk sein?‹

›J-ja‹, stotterte ich.

›Das ist das Modell, das wir für die Aussteuer der Prinzessin Helene von Griechenland entworfen haben.‹

Mir lag daran, so lange wie möglich dort zu bleiben. Deshalb sagte ich zögernd:

›Das ist doch sicher sehr teuer?‹

›Fünfundvierzigtausend... Es ist Größe vierzig... Falls die junge Dame eine andere Größe hat, müßten wir es nach Maß anfertigen, denn wir haben nur dieses eine auf Lager...‹

›Haben Sie nicht etwas weniger Luxuriöses? Etwas aus Nylon zum Beispiel...?‹«

Maigret bemerkte:

»Sagen Sie mal, Lapointe, Sie scheinen sich da ja auszukennen. Und ich hab geglaubt, man kauft keine Wäsche für eine Verlobte...«

»Ich mußte ja das Spiel spielen. Bei dem Wort ›Nylon‹ machte sie ein verächtliches, ein ganz verkniffenes Gesicht.

›Nylon führen wir hier nicht. Nur Naturseide und Batist...‹

Die Tür ging auf. Zuerst habe ich nur im Spiegel einen

in Kamelhaar gehüllten Mann entdeckt, dem die Verkäuferin sofort zublinzelte, und ich glaube, Chef, das hat bestimmt geheißen, sie hätte es da mit einem komischen Kunden zu tun. Der Mann zog seinen Mantel aus, nahm den Hut ab und ging um den Ladentisch herum, dann schob er einen Seidenvorhang zurück und betrat ein schmales Büro, in dem er seine Sachen an den Garderobenständer hängte. Er ließ einen Hauch von Parfüm zurück. Ich habe ihn beobachtet, wie er sich über Papiere beugte, auf die er aber nur einen achtlosen Blick warf.

Daraufhin kam er wieder in den Verkaufsraum zurück, und wie jemand, der sich ganz zu Hause fühlt, betrachtete er erst seine Fingernägel, dann abwechselnd Madame Marton und mich, und er schien geduldig darauf zu warten, daß ich mich entschloß.

Auf gut Glück habe ich gefragt:

›Was haben Sie denn in Weiß? Ich möchte etwas ganz Schlichtes, ohne Spitze…‹

Die beiden warfen sich wieder einen Blick zu, und sie bückte sich, um einen Karton aus einer Schublade herauszuholen.

Monsieur Harris, oder Schwob, ist ein Mann von der Sorte, wie man sie in der Gegend der Place Vendôme und der Champs-Élysées oft antrifft, er könnte sich ebensogut mit Kino wie mit Export beschäftigen oder mit Bildern oder Antiquitäten handeln. Sie verstehen doch, was ich meine, nicht wahr? Er geht sicher jeden Morgen zu seinem Friseur und läßt sich eine Gesichtsmassage machen. Sein Anzug ist erstklassig geschnitten, keine Falte da, wo sie nicht hingehört, und seine Schuhe kauft er bestimmt nicht fertig. Er hat schwarzes Haar, mit einem leichten Ansatz von Silber an den Schläfen, ein sorgfältig rasiertes Gesicht mit mattem Teint und einen abwesenden, ironischen Blick.

›Da haben wir etwas, was nicht so teuer ist…‹

Ein Hemdchen, das nach rein gar nichts aussah, bloß mit ein paar aufgestickten Punkten.

›Wieviel?‹

›Achtzehntausend.‹

Wieder warfen sich die beiden einen Blick zu.

›Es ist wohl nicht das, was Sie suchen?‹

Und schon legte sie das Hemdchen in die Schachtel zurück.

›Das muß ich mir noch überlegen… Ich komme wieder…‹

›Gut so…‹

Beinahe hätte ich meinen Hut auf dem Ladentisch vergessen und mußte noch einmal zurückgehen. Als ich endlich draußen war und sich die Tür hinter mir geschlossen hatte, habe ich mich umgedreht und gesehen, wie sie beide gelacht haben.

Ich bin etwa hundert Meter gelaufen und dann auf die andere Straßenseite hinübergegangen. Das Geschäft war leer. Der Vorhang vor dem kleinen Büro war offen, die Frau saß, und Harris war damit beschäftigt, sich vor einem Spiegel mit einem Kamm durchs Haar zu fahren…

Das ist alles, Chef. Ich kann nicht beschwören, daß sie miteinander schlafen. Sicher ist nur, daß sie gut zusammenpassen und daß sie keine Worte brauchen, um sich zu verstehen. Das spürt man sofort.

Madame Marton ißt nicht mit ihrem Mann zu Mittag,

obwohl einer nur fünfhundert Meter vom anderen entfernt arbeitet, und es war die Schwägerin, die sich mit Xavier Marton getroffen hat.

Im übrigen nehme ich an, daß sich die beiden verstecken müssen. Marton hat nämlich für sein Mittagessen nur wenig Zeit. Ganz in der Nähe der Magasins du Louvre gibt es eine Menge preiswerte Restaurants, in die, soviel ich gesehen habe, die Verkäufer und Verkäuferinnen hineingeströmt sind.

Er macht sich aber die Mühe, ziemlich weit zu laufen, in ein Bistro mit einem ganz anderen Publikum, wo niemand auf die Idee käme, nach ihnen zu suchen.

Ob Madame Marton für gewöhnlich mit Monsieur Harris zu Mittag ißt? Keine Ahnung. Die Tatsache, daß er erst nach ihr im Geschäft eingetroffen ist, beweist nichts ...«

Maigret stand auf und drehte die Heizung zurück, die wie tags zuvor wieder verrückt zu spielen drohte. Schon seit dem Morgen rechnete man mit Schnee, der angekündigt war und den Norden des Landes und die Normandie bereits bedeckte.

Hatte der Kommissar nicht recht gehabt, daß er die Bücher über Psychiatrie und das ganze Gefasel von Psychosen und Komplexen zum Teufel gewünscht hatte?

Endlich hatte er das Gefühl, es mit Menschen aus Fleisch und Blut zu tun zu haben, mit Männern und Frauen, die ihre Leidenschaften und ihre Interessen hatten.

Tags zuvor war nur von einem Paar die Rede gewesen.

Heute schienen es zwei Paare zu sein, und das machte einen gewaltigen Unterschied.

»Wo schicken Sie mich jetzt hin?« erkundigte sich Lapointe, der sich nun seinerseits für den Fall begeisterte und fürchtete, er könnte ihm entzogen werden.

»Du kannst nicht mehr in die Rue Saint-Honoré gehen, in die Avenue de Châtillon auch nicht mehr, jetzt, wo die beiden Frauen dich gesehen haben...«

Wozu sollte er auch hingehen? Der Oberstaatsanwalt schien doch recht zu haben. Es war nichts passiert. Es würde wahrscheinlich auch nichts passieren. Es sei denn, daß eins der beiden Paare, von Ungeduld erfaßt...

In dem Augenblick, in dem das Telefon klingelte, schaute Maigret gerade auf die schwarze Marmoruhr auf dem Kaminsims, die immer zehn Minuten vorging. Sie zeigte auf zwanzig vor sechs.

»Ja, Kommissar Maigret...«

Warum verspürte er einen leichten Schock, als er die Stimme wiedererkannte? Lag es daran, daß er sich seit dem Morgen des vergangenen Tages in Gedanken nur mit demjenigen beschäftigt hatte, der sich nun am anderen Ende der Leitung meldete?

Im Hintergrund waren Geräusche zu hören, Stimmen. Maigret hätte geschworen, daß der Anrufer hinter ängstlich vorgehaltener Hand redete. Er sprach ganz leise.

»Entschuldigen Sie bitte wegen gestern, aber ich mußte weg. Ich möchte nur wissen, ob Sie um Viertel vor sieben oder vielleicht zehn vor sieben noch in Ihrem Büro sind. Wir schließen erst um sechs Uhr dreißig...«

»Heute?«

»Wenn Sie so freundlich wären...«

»Ich werde auf Sie warten.«

Marton legte sofort auf, nachdem er ein Dankeschön gestammelt hatte, und Maigret sah Lapointe so ähnlich an, wie Madame Marton und Monsieur Harris sich in dem Wäschegeschäft angesehen hatten.

»War er das?«

»Ja.«

»Kommt er her?«

»In eineinviertel Stunden.«

Maigret hätte am liebsten über sich selbst gespottet, über all die unnützen Sorgen, die er sich um etwas gemacht hatte, was ihm in eineinviertel Stunden gewiß ganz einfach erscheinen würde.

»Wir haben noch Zeit, auf ein Bier in die ›Brasserie Dauphine‹ zu gehen«, brummte er, während er seinen Schrank öffnete, um Hut und Mantel herauszuholen.

5

Eine Frau steht am Quai

Gerade als er mit Lapointe die Treppe hinuntersteigen wollte, kam Maigret eine Idee.

»Ich bin gleich wieder da. Warten Sie auf mich!«

Und noch etwas unschlüssig begab er sich ins Inspektorenbüro. Seine Idee war die, daß einer seiner Männer Xavier Marton am Ausgang der Magasins du Louvre abpassen und beschatten sollte. Eigentlich wußte er nicht genau, warum. Oder er rechnete vielmehr damit, daß allerlei passieren könnte. Zunächst war es Marton zuzutrauen, daß er es sich im letzten Moment anders überlegte, wie schon einmal, als er Maigrets Büro in dessen Abwesenheit verlassen hatte. Oder seine Frau, die ja zugegeben hatte, daß sie ihm in den vergangenen Tagen gefolgt war, konnte ihm durchaus erneut nachspionieren.

Falls sie ihm auf der Straße über den Weg lief, würde er dann nicht mit ihr gemeinsam in die Avenue de Châtillon fahren? Es gab auch noch andere Möglichkeiten. Und selbst wenn sich gar nichts ereignete, war Maigret nicht böse, wenn er erfuhr, wie sich der Verkäufer elektrischer Eisenbahnen bei diesem wichtigen Schritt benahm, ob er zögerte, ob er zum Beispiel unterwegs irgendwo haltmachte, um sich mit ein oder zwei Gläschen Mut anzutrinken.

Bei Janvier bestand die Gefahr, daß er wiedererkannt wurde. Ein anderer Inspektor im Einzeleinsatz, Lucas etwa, der zwar verfügbar war, aber Marton noch nie gesehen hatte, mochte ihn vielleicht anhand der Personenbeschreibung in der Menge der Leute, die herauskamen, nicht ausfindig machen.

»Lucas und Janvier! Flitzt alle beide zu den Magasins du Louvre! Wenn die Angestellten das Haus verlassen, soll sich Janvier ja nicht blicken lassen, sondern Lucas nur zeigen, wer Marton ist, und Lucas übernimmt dann allein die Beschattung.«

Lucas, der kaum Bescheid wußte, fragte:

»Glauben Sie, es wird lange dauern, wird er weit gehen?«

»Hierher wahrscheinlich.«

Und beinahe hätte er hinzugefügt:

›Benutzt bloß kein Taxi, und macht keine Spesen!‹

Denn es existieren Verwaltungsvorschriften, die die Öffentlichkeit zwar nicht kennt, die aber für die Mitarbeiter der Kriminalpolizei mitunter sehr wichtig sind. Wurde ein Gewaltverbrechen oder eine sonstige Straftat begangen, und ermittelt die Polizei folglich aufgrund richterlicher Anordnungen, dann gehen die Spesen der Kommissare, Inspektoren und Spezialisten grundsätzlich zu Lasten des Schuldigen. Wird er nicht festgenommen, oder erklärt das Gericht den Festgenommenen im nachhinein für unschuldig, dann bezahlt das Justizministerium die Zeche.

Handelt es sich dagegen um eine Angelegenheit, mit der sich die Kriminalpolizei von sich aus befaßt, und gibt es am Ende weder ein Verbrechen noch einen Schuldigen, dann trägt die Präfektur, das heißt das Innenministerium, die Kosten.

Für die Polizeibeamten macht das aber einen riesigen Unterschied aus. Die Justiz, die immer meint, der Täter würde bezahlen, ist nicht allzu kleinlich, und im allgemeinen kommt es ihr auf ein Taxi mehr oder weniger nicht an. Die Präfektur nimmt die Belege dagegen genau unter die Lupe und fordert Rechenschaft über die nichtigsten Fahrspesen, die auf ihre Kosten gehen.

Arbeitete Maigret in diesem Fall nicht darauf hin, daß es weder ein Verbrechen noch einen Schuldigen gab?

Das bedeutete also, daß er gar keine oder nur eine möglichst bescheidene Spesenrechnung vorlegen durfte, und er wußte auch, daß er, falls nichts geschah, den Einsatz seiner Männer würde rechtfertigen müssen.

»Dann mal los!«

Es schneite nicht, wie es im Rundfunk angekündigt worden war, aber alles war in gelblichen, kalten Nebel gehüllt. In der hellerleuchteten und warmen ›Brasserie Dauphine‹ tranken die beiden Männer kein Bier, weil es nicht in die Jahreszeit zu passen schien, sondern einen Aperitif. Die Ellenbogen auf den Tresen gestützt, unterhielten sie sich nicht über Marton, sondern plauderten ein wenig mit dem Wirt, worauf sie mit hochgeschlagenen Mantelkragen an den Quai zurückkehrten.

Maigret hatte beschlossen, die Tür zum Inspektorenbüro einen Spaltbreit offen zu lassen und Lapointe, der ein ziemlich guter Stenograph war, hinter diese Tür zu setzen. Es war eine Vorsichtsmaßnahme, für alle Fälle.

Um zehn vor sieben saß er an seinem Schreibtisch und

wartete darauf, daß der alte Joseph an die Tür klopfte. Um fünf vor sieben wartete er immer noch, und Lapointe wartete ebenfalls, mit gutgespitztem und gezücktem Bleistift, hinter der Tür.

Der Kommissar wurde allmählich ungeduldig, als er eine Minute vor sieben Uhr endlich Schritte und ein kurzes, vertrautes Klopfen vernahm und sah, wie sich der Türknauf aus weißem Porzellan herumdrehte.

Es war Joseph. Da er schon Bescheid wußte, murmelte er nur:

»Der Herr, den Sie erwarten.«

»Führen Sie ihn herein!«

»Verzeihen Sie bitte, daß ich ein bißchen zu spät komme...«, sagte Marton. »Es hatte keinen Zweck, um diese Zeit die Metro zu benutzen... Zwei Busse waren voll besetzt, und so bin ich zu Fuß gelaufen, weil ich mir gesagt habe, daß das am schnellsten ginge...«

Er keuchte ein wenig und schien vom Laufen erhitzt zu sein.

»Wenn Sie Ihren Mantel ausziehen möchten...«

»Das wäre vielleicht besser. Ich glaube, ich bekomme einen Schnupfen...«

Es dauerte eine Weile, bis er Platz genommen hatte. Er wußte nicht, wo er seinen Mantel lassen sollte. Zuerst legte er ihn über einen Stuhl, dann merkte er, daß es ausgerechnet der war, auf den er sich setzen mußte, um dem Kommissar gegenüberzusitzen, deshalb trug er ihn ans andere Ende des Zimmers.

Endlich saßen sie sich gegenüber, Maigret rauchte seine Pfeife und beobachtete seinen Besucher aufmerksamer als am Tag zuvor. Er war beinahe enttäuscht. Seit vierundzwanzig Stunden kreisten seine Gedanken um Marton, der für ihn zuletzt eine herausragende Persönlichkeit geworden war, und nun hatte er da einen Herrn XY vor sich, wie man ihn zu Hunderten in der Metro oder auf der Straße antrifft.

Er verübelte es ihm ein wenig, daß er so durchschnittlich aussah und sich so natürlich benahm.

»Ich möchte mich noch einmal dafür entschuldigen, daß ich Ihr Büro verlassen habe, ohne Ihnen Bescheid zu sagen. Aber im Warenhaus herrscht strenge Disziplin. Ich hatte die Erlaubnis erhalten, für eine Stunde wegzugehen, um meinen Zahnarzt aufzusuchen, der in der Rue Saint-Roch seine Praxis hat, zwei Schritte vom Louvre entfernt. Hier stellte ich plötzlich fest, daß die Zeit fast um war, und ich mußte um elf Uhr an meinem Platz sein, um eine Warenlieferung in Empfang zu nehmen. Ich hätte Sie anrufen sollen, aber wir dürfen keine Privatgespräche führen, und die meisten Apparate sind mit der Zentrale verbunden.«

»Wie haben Sie es heute nachmittag gemacht?«

»Als gerade niemand im Büro des Etagenchefs war, wo es einen direkten Apparat nach draußen gibt, habe ich die Gelegenheit genutzt, Sie anzurufen. Sie haben sicher gemerkt, daß ich mich beeilt habe, Ihnen zu sagen, was ich zu sagen hatte, und daß ich abrupt aufgelegt habe...«

An alldem war nichts Außergewöhnliches.

Dennoch wandte der Kommissar ein: »Und in der Mittagspause, als Sie zum Essen gingen...«

»Zunächst habe ich mir gesagt, daß Sie wahrscheinlich auch gerade beim Essen sein werden. Und dann hatte ich obendrein den Eindruck, daß Sie meinen Besuch nicht besonders ernst genommen haben...«

»War er denn ernst zu nehmen?«

»Gewiß. Sie haben jemanden geschickt, der in meiner Abteilung herumgeschlichen ist, nicht wahr?«

Maigret antwortete nicht. Sein Gegenüber fuhr fort:

»Sie wollen es nicht zugeben, aber ich bin sicher, daß es ein Inspektor war.«

Er mußte dieses Gespräch vorbereitet haben, wie er auch das erste vorbereitet hatte. Dennoch gab es Augenblicke, in denen er stockte oder schwieg. Er zögerte lange, ehe er fragte:

»Ist meine Frau bei Ihnen gewesen?«

»Wie kommen Sie darauf?«

»Ich weiß es nicht. Immerhin kenne ich sie schon sehr lange. Ich bin sicher, daß sie etwas ahnt. Frauen haben für so etwas Antennen. Und so, wie sie veranlagt ist, geht sie sofort zum Angriff über, wenn sie nur die geringste Gefahr wittert. Verstehen Sie, was ich damit sagen will?«

Schweigen. Er beobachtete Maigret mit vorwurfsvoller Miene, als nehme er ihm übel, daß er mit ihm nicht mit offenen Karten spielte.

»War sie da?«

Jetzt zögerte der Kommissar, denn er machte sich klar, daß er da eine große Verantwortung auf sich lud. War Marton, in welchem Maß auch immer, wirklich geisteskrank, dann konnte die Antwort entscheidenden Einfluß auf sein künftiges Verhalten haben.

Vor einer Weile, als er noch allein in seinem Büro gesessen hatte, hätte Maigret beinahe seinen Freund Pardon angerufen, um ihn zu bitten, bei der Unterredung anwesend zu sein. Aber hatte ihm der Arzt nicht bereits erklärt, daß er von Psychiatrie so gut wie nichts verstand?

Xavier Marton saß da auf seinem Stuhl, eineinhalb Meter vom Kommissar entfernt, und sprach und bewegte sich wie irgendein x-beliebiger Besucher. Vielleicht war er ein normaler Mensch, der sein Leben bedroht fühlte und in aller Aufrichtigkeit gekommen war, um die Polizei davon zu benachrichtigen.

Vielleicht war er auch nur von einer Idee besessen, ein komischer Kauz, der an Verfolgungswahn litt und das Bedürfnis hatte, sich beruhigen zu lassen.

Vielleicht war er wirklich verrückt.

Und am Ende war er vielleicht ein von teuflischen Ideen umgetriebener Mensch, in gewissem Sinn auch geistesgestört, aber ein scharfsinniger, intelligenter Geistesgestörter, der einen genauen Plan ausgeheckt hatte, den er um jeden Preis in die Tat umsetzen würde.

Sein Gesicht war nichtssagend. Er hatte eine Nase, Augen, einen Mund und Ohren wie jeder andere auch. Das Blut war ihm zu Kopf gestiegen, weil es draußen so kalt und im Büro so warm war, und daran lag es möglicherweise, daß seine Augen so glänzten, oder auch an dem Schnupfen, von dem er geredet hatte.

Bekam er wirklich einen Schnupfen, oder hatte er nur darauf angespielt, weil er wußte, daß seine Augen zu glänzen beginnen würden?

Maigret fühlte sich unbehaglich. Er hegte allmählich den Verdacht, daß der Mann nur wiedergekommen war, um sich zu erkundigen, ob seine Frau dagewesen war.

Hatte er ihr seinerseits nachspioniert? Wußte er, daß sie am Quai des Orfèvres gewesen war, und hoffte er zu erfahren, was sie gesagt hatte?

»Sie war hier«, gab der Kommissar schließlich zu.

»Was hat sie Ihnen erzählt?«

»Hier ist es üblich, daß Besucher auf Fragen antworten und sie nicht stellen.«

»Entschuldigen Sie bitte.«

»Ihre Frau ist sehr elegant, Monsieur Marton.«

Er verzog unwillkürlich den Mund zu einem Lächeln, das nicht ohne Ironie und Bitterkeit war.

»Ich weiß. Sie hat immer davon geträumt, elegant zu sein. Sie hat beschlossen, elegant zu sein.«

Er legte besonderen Nachdruck auf das Wort *beschlossen,* in einem Brief hätte er es bestimmt unterstrichen, und Maigret erinnerte sich daran, daß sein Gegenüber schon einmal ein Wort in dieser Weise hervorgehoben hatte.

Hatte er nicht in dem Psychiatriebuch gelesen, das nachdrückliche Betonen einzelner Wörter sei oft ein Anzeichen für...

Aber er sträubte sich dagegen, das Gespräch auf dieser Ebene anzusiedeln.

»Gestern vormittag sind Sie zu mir gekommen und haben gesagt, daß Sie um Ihr Leben fürchteten. Sie haben davon geredet, daß sich Ihre Frau seit einiger Zeit anders benehme und daß Sie in einem Schrank ein giftiges Mittel gefunden hätten. Sie haben mir auch erzählt, daß Sie sich nach den Mahlzeiten schon mehrmals unpäßlich gefühlt hätten. An dieser Stelle wurde ich zum Direktor gerufen, und unsere Unterhaltung wurde danach nicht fortgesetzt, weil Sie gegangen waren. Ich nehme an, Sie hatten mir noch weitere Einzelheiten mitzuteilen.«

Marton lächelte ein wenig traurig, wie ein Mensch, der sich ungerecht behandelt fühlt.

»Es gibt eine Art, Fragen zu stellen, die es einem schwermacht, darauf zu antworten«, bemerkte er.

Maigret wurde fast zornig, weil ihm da anscheinend eine Lektion erteilt wurde und er sich dessen bewußt war, daß er sie durchaus verdiente.

»Aber, verflixt noch mal, Sie wollen mir doch nicht einreden, daß Sie hierher gekommen sind, ohne einen bestimmten Zweck zu verfolgen? Wollen Sie Anzeige gegen Ihre Frau erstatten?«

Marton schüttelte den Kopf.

»Sie erheben keine Anklage gegen sie?«

»Weshalb?« fragte er.

»Wenn das stimmt, was Sie mir erzählt haben, dann können Sie sie des versuchten Mordes anklagen.«

»Glauben Sie wirklich, daß das etwas bringen würde? Welchen Beweis habe ich denn in der Hand? Selbst Sie glauben mir doch nicht. Ich habe Ihnen eine Probe des Zinkphosphids gegeben, aber das hätte ich genausogut selbst in den Besenschrank stellen können. Aus der Tatsache, daß ich aus eigenem Antrieb einen Neurologen aufgesucht habe, könnte man den Schluß ziehen, daß ich im Kopf nicht ganz richtig bin oder auch, was ebenfalls einleuchtend wäre, daß ich mir Mühe gebe, diesen Anschein zu erwecken.«

Es war das erstemal, daß Maigret so jemanden vor sich hatte, und er konnte nicht umhin, ihn verwundert zu betrachten.

Jede Antwort, jede neue Pose brachte ihn aus dem Konzept. Er suchte vergebens nach einer Ungereimtheit, nach einer Schwachstelle, aber beständig war er es, der zurückstecken mußte.

»Meine Frau hat sicher mit Ihnen über meine Neurasthenie gesprochen. Sie dürfte Ihnen auch gesagt haben, daß ich manchmal abends beim Basteln vor Wut zu trampeln beginne und regelrechte Weinkrämpfe bekomme, wenn mir etwas, was ich mir in den Kopf gesetzt habe, nicht gelingt...«

»Haben Sie darüber mit Doktor Steiner geredet?«

»Ich habe ihm alles gesagt. Eine Stunde lang hat er mir Fragen gestellt, die Ihnen gar nicht in den Sinn kommen würden.«

»Und dann?«

Er sah Maigret in die Augen.

»Also, ich bin nicht verrückt.«

»Sie sind aber dennoch davon überzeugt, daß Ihre Frau Sie aus dem Weg räumen will?«

»Ja.«

»Aber Sie wollen nicht, daß wir eine Untersuchung einleiten?«

»Das würde nichts nützen.«

»Und wenn wir Sie schützen?«

»Wie denn?«

»Also dann noch einmal: Warum sind Sie hier?«

»Damit Sie Bescheid wissen. Damit Sie, falls mir etwas zustößt, nicht glauben, es sei ein natürlicher Tod gewesen, wie das wohl der Fall wäre, wenn Sie vorher keinen Wink bekommen hätten. Ich habe viel über Vergiftungen gelesen. Ihre eigenen Experten meinen, man müsse damit rechnen, daß neun unentdeckte und daher ungesühnte Giftmorde auf einen kommen, dessen Täter entlarvt wird.«

»Wo haben Sie das gelesen?«

»In einer gerichtsmedizinischen Zeitschrift.«

»Haben Sie sie abonniert?«

»Nein. Ich habe sie in einer öffentlichen Bücherei gelesen. Jetzt sage ich Ihnen noch ein Letztes: Ich habe nicht vor, mich so einfach vergiften zu lassen.«

Maigret zuckte zusammen und hatte das Gefühl, daß sie endlich zum Kern der Sache vorstießen.

»Was genau wollen Sie damit sagen?«

»Zum einen, daß ich meine Vorkehrungen treffe, das habe ich Ihnen ja schon gestern gesagt. Und zum anderen, daß ich mich gerade wegen der Statistik, die ich soeben erwähnt habe, nicht auf die Justiz verlassen werde, sondern daß ich, wenn mir die Zeit dazu bleibt, Selbstjustiz üben werde.«

»Soll ich das so verstehen, daß Sie Ihre Frau *vorher* töten wollen?«

»Bevor ich sterbe, natürlich, aber nicht, bevor es ihr gelungen sein wird, mich zu vergiften. Es gibt nicht viele Gifte, die zu einem sofortigen Tod führen, und die sind fast alle ziemlich schwer zu beschaffen. Es wird daher eine gewisse Zeit verstreichen zwischen dem Augenblick, in dem ich merken werde, daß es ihr gelungen ist, und dem Augenblick, in dem ich handlungsunfähig sein werde. Ich habe einen geladenen Revolver im Haus. Er ist übrigens ordnungsgemäß gemeldet, davon können Sie sich bei der Stadtverwaltung überzeugen. Meine Frau weiß davon, denn ich habe ihn schon seit Jahren. Nur, seit einiger Zeit habe ich ihn an einem Platz versteckt, an dem sie ihn nicht finden wird. Sie hat schon danach gesucht. Und sie sucht weiter…«

Es gab Momente, in denen Maigret sich fragte, ob er nicht besser daran täte, diesen Mann sofort in die Psychiatrie der Krankenstation des Untersuchungsgefängnisses zu bringen.

»Angenommen, Sie verspüren heute abend eine halbe Stunde nach dem Essen Magenschmerzen?«

»Keine Sorge, Monsieur Maigret. Ich kann eine Vergiftung von einer schlichten Magenverstimmung unterscheiden. Obendrein habe ich von jeher einen ausgezeichneten Magen.«

»Aber wenn Sie meinen, daß Sie vergiftet sind, dann werden Sie handeln?«

»Wenn ich *spüre*, daß ich vergiftet bin, werde ich nicht lange zögern.«

»Dann werden Sie schießen?«

»Ja.«

Die Klingel des Telefons schrillte, und in der dumpfen, gespannten und beinahe morbiden Stimmung, die inzwischen in dem Raum herrschte, kam sie dem Kommissar ungewöhnlich laut vor.

»Chef, hier ist Lucas…«

»Ja…«

»Ich konnte mich nicht früher melden, weil ich sie am Quai nicht aus den Augen lassen wollte…«

»Wen?«

»Die Frau… Das erkläre ich Ihnen gleich… Ich mußte

nur warten, bis ein Inspektor aufkreuzte und meinen Beobachtungsposten übernahm, damit ich raufkommen konnte, um Sie anzurufen… Torrence hat mich abgelöst…«

»Mach schnell! Und schrei nicht so, mir fällt ja fast der Hörer aus der Hand…«

Hatte Marton begriffen, daß es sich indirekt um ihn handelte?

»Verstanden, Chef… Also! Janvier hat mir Ihren Mann gezeigt, als dieser aus dem Warenhaus herauskam… Ich bin ihm allein nachgegangen, während Janvier auf einen Bus gewartet hat…«

»Und dann?«

»Solange wir uns in der Menschenmenge bewegt haben, die um diese Zeit ziemlich dicht ist, hab ich nichts bemerkt. Aber als wir dann den Hof des Louvre überquerten und die Quais erreichten, da ist mir klargeworden, daß ich nicht der einzige war, der ihm folgte…«

»Weiter!«

»Eine Frau ist ihm auf den Fersen geblieben… Ich glaube nicht, daß sie mich entdeckt hat, aber ich bin nicht ganz sicher… Sie ist ihm bis zum Quai des Orfèvres gefolgt, und da steht sie noch immer, ungefähr hundert Meter vom Eingang entfernt…«

»Beschreib mal…«

»Das ist nicht nötig. Sowie ich Torrence eingeweiht hatte, bin ich raufgekommen und hab Janvier gebeten, mal runterzugehen und sie sich anzuschauen, weil er sich doch mit der Angelegenheit schon befaßt hat… Er ist gerade zurückgekommen und steht neben mir… Wollen Sie ihn sprechen?«

»Ja.«

»Hallo, Chef… Es ist die Schwägerin, Jenny…«

»Bist du sicher?«

»Ganz sicher.«

»Hat sie dich nicht wiedererkannt?«

»Nein. Ich bin vorsichtig gewesen.«

»Danke.«

»Keine Anweisungen?«

»Torrence soll sie weiter überwachen.«

»Und was ist mit dem Mann? Soll Lucas ihm immer noch folgen, wenn er weggeht?«

»Ja.«

Er legte auf und begegnete Martons fragendem Blick.

»Meine Frau?« erkundigte sich der Liebhaber elektrischer Eisenbahnen.

»Was meinen Sie?«

»Nichts. Ich hätte wissen müssen, daß Sie mir ja doch nicht die Wahrheit sagen würden.«

»Haben Sie mitgehört?«

»Nein. Nur, ich kann mir leicht einen Reim auf die paar Worte machen, die Sie selbst gesagt haben. Wenn es meine Frau ist…«

»Was dann?«

»Nichts. Es war ein Fehler von mir, daß ich gestern zu Ihnen gekommen bin, und ein noch größerer, daß ich heute wieder gekommen bin. Solange Sie mir nicht glauben…«

»Ich möchte nichts lieber als Ihnen glauben. Hören Sie! Nachdem Sie sich Ihrer selbst sicher sind, mache ich Ihnen einen Vorschlag. Doktor Steiner ist an das Berufsgeheimnis gebunden und will nichts sagen.«

»Wollen Sie, daß ich mich von einem anderen Arzt untersuchen lasse?«

»Vom Spezialisten der Krankenstation des Untersuchungsgefängnisses. Er ist ein integrer Mann, ein Professor von Weltruf.«

»Wann? Sofort?«

Täuschte sich Maigret? Oder war bei seinem Gesprächspartner wirklich ein Anflug von Panik zu erkennen?

»Nein. Um diese Zeit kann ich ihn nicht mehr stören. Morgen früh ist er wieder im Dienst.«

In aller Ruhe antwortete Marton:

»Wenn es nicht zu früh sein muß, kann ich vorher noch im Warenhaus Bescheid sagen.«

»Sie sind damit einverstanden?«

»Warum sollte ich damit nicht einverstanden sein?«

»Sind Sie auch damit einverstanden, mir eine Bescheinigung zu unterschreiben, daß Sie sich freiwillig untersuchen lassen?«

»Wenn Sie darauf Wert legen.«

»Sie sind ein merkwürdiger Mensch, Monsieur Marton.«

»Finden Sie?«

»Sie sind auch, was ich nicht vergesse, aus freien Stücken hier. Sie sind also nicht verpflichtet, mir Fragen zu beantworten. Dennoch gibt es da einige, die ich Ihnen gern stellen würde.«

»Werden Sie mir glauben?«

»Ich werde es versuchen, und ich kann Ihnen versichern, daß ich keinerlei Vorbehalte gegen Sie habe.«

Diese Erklärung entlockte ihm nur ein müdes Lächeln.

»Lieben Sie Ihre Frau?«

»Jetzt?«

»Natürlich jetzt.«

»Nun, jetzt nicht.«

»Liebt Ihre Frau Sie?«

»Sie haßt mich.«

»Das entspricht nicht dem Bild, das ich mir von Ihrer Ehe gemacht habe, als Sie gestern vormittag hier weggegangen sind.«

»Wir haben nicht genug Zeit gehabt, den Dingen auf den Grund zu gehen, und Sie hatten im übrigen auch keine Lust dazu.«

»Wie Sie meinen. Kann ich weitermachen?«

»Bitte.«

»Haben Sie sie geliebt?«

»Ich habe es geglaubt.«

»Erklären Sie mir, was Sie darunter verstehen.«

»Vorher hatte ich allein gelebt, ohne mir die geringste Zerstreuung zu gönnen. Ich habe viel gearbeitet, wissen Sie. Ich habe ja von ganz unten angefangen, da hat es mich eine gewaltige Anstrengung gekostet, das zu werden, was ich geworden bin.«

»Hatten Sie, bevor Sie Ihre Frau kennenlernten, nie Beziehungen zu anderen Frauen?«

»Selten. Bloß die Art Abenteuer, die Sie sich wohl denken können. Dabei empfand ich mehr Scham als Vergnügen. Als ich dann Gisèle kennenlernte, da habe ich sie in meiner Vorstellung zur Idealfrau gemacht, und diese Idealfrau habe ich geliebt. Das Wort ›Paar‹ war für mich ein Zauberwort. Davon träumte ich. Wir würden ein Paar sein. Ich würde eine Hälfte eines Paars werden. Ich würde nicht mehr allein sein, in meiner Wohnung und im Leben. Und eines Tages würden wir auch Kinder bekommen...«

»Haben Sie keine?«

»Gisèle will keine.«

»Hat sie Ihnen das vorher gesagt?«

»Nein. Aber ich hätte sie so oder so geheiratet und mich damit zufriedengegeben, daß wir beide ein Paar sind...«

»Liebte sie Sie?«

»Ich habe es damals gedacht.«

»Und dann entdeckten Sie eines Tages, daß Sie sich geirrt hatten?«

»Ja.«

»Wann?«

Er antwortete nicht sofort. Plötzlich schien er sich in einem schweren Gewissenskonflikt zu befinden, und er dachte nach. Maigret drängte ihn nicht.

»Ich nehme an«, murmelte Marton endlich, »Sie haben Ermittlungen aufgenommen. Wenn Sie jemanden losgeschickt haben, um mich im Warenhaus bespitzeln zu lassen, dann haben Sie sicher auch einen Ihrer Männer in die Avenue de Châtillon geschickt.«

»Das stimmt.«

»In diesem Fall ist es besser, wenn ich offen spreche. Um auf Ihre Frage zu antworten: vor zwei Jahren.«

»Mit anderen Worten: ungefähr zu der Zeit, als Ihre Schwägerin zu Ihnen zog, wurde Ihnen klar, daß Ihre Frau Sie nicht liebte und daß sie Sie nie geliebt hatte?«

»Ja.«

»Können Sie mir erklären, warum?«

»Das ist einfach. Bevor ich meine Schwägerin kennenlernte, die mit ihrem Mann in Amerika gelebt hatte, war ich zu Hause nicht immer glücklich, aber ich habe mir gesagt, daß man eben nicht glücklicher sein könnte. Verstehen Sie? Um es anders auszudrücken, ich hielt meine Enttäuschungen für unvermeidlich und dachte mir, daß es allen Männern so ginge wie mir. Kurz, Gisèle ist eine Frau, und ich war zu der Überzeugung gelangt, daß ihre Fehler nur die ureigenen Fehler aller Frauen wären.«

Er überlegte sich seine Worte immer noch genau und betonte manche mit größerem Nachdruck als andere.

»Wie jeder, so vermute ich, hatte ich von einer bestimmten Art von Liebe geträumt, von einer Gemeinschaft, einer engen Verbundenheit, nennen Sie es, wie Sie wollen, doch nach einigen Jahren oder nach einigen Monaten bin ich zu der Erkenntnis gelangt, daß es sie nicht gibt.«

»Daß also die Liebe nicht existiert.«

»Auf jeden Fall nicht die Liebe, die ich meine.«

»Was werfen Sie Ihrer Frau vor?«

»Was Sie hier von mir verlangen, ist zweifellos nicht gerade fein, aber wenn ich Ihnen nicht ehrlich antworte, dann ziehen Sie wieder falsche Schlüsse daraus. Ich weiß zum Beispiel heute, daß Gisèle nur aus Ehrgeiz Rouen und ihre Familie verlassen hat. Nicht, wie sie einem gern weismachen möchte, aus Liebe zu dem Mann, dem sie damals nachreiste und der sie ein paar Monate später sitzenließ. Jener Mann bedeutete die erste Stufe, er bedeutete Paris. Selbst wenn er sie nicht verlassen hätte, wäre sie nicht lange bei ihm geblieben.«

Es war seltsam, ihn so ohne Erregung, ohne Leidenschaft reden zu hören, als untersuchte er einen Fall, der nichts mit ihm zu tun hatte und den er möglichst klar und deutlich darzulegen versuchte.

»Nur, sie hatte sich vorgestellt, daß es schneller gehen würde. Sie war jung, hübsch, begehrenswert. Sie hatte nicht damit gerechnet, von Vorzimmer zu Vorzimmer zu laufen und die Stellenangebote aus den Schaukästen der Tageszeitungen abzuschreiben, um dann schließlich in der Wäscheabteilung eines großen Warenhauses zu landen.«

»Sind Sie denn nicht auch ehrgeizig?«

»Das ist nicht miteinander zu vergleichen. Lassen Sie mich von ihr zu Ende erzählen. Sie ist abends mit Kollegen ausgegangen, vor allem mit Abteilungsleitern, aber die waren entweder schon verheiratet, oder sie machten ihr keinen Heiratsantrag. Etwa zu der Zeit, als sie merkte, daß sie langsam älter wurde, bin ich auf der Bildfläche aufgetaucht. Drei oder vier Jahre früher hätte sie sich über mich nur lustig gemacht. Die Erfahrung hatte sie zu der Einsicht gebracht, daß ich ein akzeptabler Notbehelf war, und sie tat, was es zu tun galt.«

»Das heißt?«

»Sie ließ mich glauben, daß sie mich liebte. Jahrelang habe ich uns nur als Paar gesehen und an das gedacht, was ich unser Nest nannte, was ich auch unsere Zukunft nannte. Sie kam mir kalt vor, aber ich tröstete mich damit, daß ich mir sagte, die Frauen, die nicht kalt wären, spielten nur Theater. Ich fand heraus, daß sie geldgierig, ja sogar geizig war, und daraufhin redete ich mir ein, daß eben alle Frauen so wären.«

»Waren Sie unglücklich?«

»Ich hatte meine Arbeit. Sie spottete darüber, behandelte mich wie einen Sonderling, und wie ich jetzt weiß, schämte sie sich, daß sie mit einem Mann verheiratet war, der sich mit Kinderspielzeug und elektrischen Eisenbahnen beschäftigte. Sie hat inzwischen etwas Besseres gefunden.«

Maigret ahnte schon, was nun kommen würde.

»Was wollen Sie damit sagen?«

»Sie hat die Bekanntschaft eines Mannes gemacht, der ebenfalls eine Zeitlang im Warenhaus gearbeitet hat, ein gewisser Maurice Schwob. Ich weiß nicht, ob sie ihn liebt. Ist schon möglich. Er hat ihr zumindest die Chance gegeben, einen weiteren Schritt voranzukommen, und zwar einen großen. Er hat eine ehemalige Schauspielerin geheiratet, die lange ausgehalten worden war und die viel Geld hat...«

»Ist das der Grund, warum Ihre Frau nicht die Scheidung verlangt hat, um Schwob zu heiraten?«

»Das nehme ich an. Sicher ist jedenfalls, daß sie mit dem Geld der Alten gemeinsam ein Geschäft aufgezogen haben.«

»Glauben Sie, daß sie ein Verhältnis miteinander haben?«

»Ich weiß es.«

»Haben Sie sie überwacht?«

»Ich bin genauso neugierig wie andere Leute auch.«

»Aber Sie, haben Sie nicht die Scheidung beantragt?«

Er antwortete nicht. Das Gespräch schien in eine Sackgasse geraten zu sein.

»Herrschte dieser Zustand bereits vor der Ankunft Ihrer Schwägerin?«

»Wahrscheinlich schon, aber mir waren die Augen noch nicht aufgegangen.«

»Sie haben vorhin angedeutet, daß Sie die Dinge anders sehen, seit Ihre Schwägerin bei Ihnen in der Avenue de Châtillon wohnt. Inwiefern?«

»Ich habe gemerkt, daß es auch eine andere Art Frauen gibt, Frauen wie die, von denen ich immer geträumt habe.«

»Lieben Sie Ihre Schwägerin?«

»Ja.«

»Haben Sie ein Verhältnis mit ihr?«

»Nein.«

»Dennoch kommt es vor, daß Sie sich heimlich mit ihr treffen?«

»Wissen Sie das auch?«

»Ich kenne das kleine Restaurant, das ›Trou Normand‹ heißt.«

»Das stimmt. Jenny und ich, wir treffen uns dort oft in der Mittagspause. Meine Frau geht fast immer mit Schwob in vornehmere Lokale. Sie lebt inzwischen in einer anderen Welt, verstehen Sie?«

Dieses ›Verstehen Sie?‹ kehrte oft wieder, so als fürchtete Marton, Maigret könnte ihm vielleicht nicht folgen.

»Liebt Ihre Schwägerin Sie auch?«

»Ich glaube, sie fängt an, mich zu lieben.«

»Sie fängt erst an?«

»Sie hat ihren Mann wirklich geliebt. Die beiden waren ein richtiges Ehepaar. Sie lebten in New Jersey, nicht weit von New York, in einem hübschen Haus auf dem Land. Edgar kam bei einem Unfall ums Leben, und Jenny hat versucht, Selbstmord zu begehen. Sie hat eines Abends den

Gashahn aufgedreht und ist nur mit knapper Not gerettet worden. Weil sie damals nicht wußte, was sie tun sollte, ist sie nach Europa zurückgekommen, und wir haben sie bei uns aufgenommen. Sie trauert noch sehr um ihren Mann. Sie kann sich noch nicht daran gewöhnen, etwas anderes als Schwarz zu tragen. Gisèle macht sich über sie lustig und rät ihr auszugehen, sich zu amüsieren, damit sie auf andere Gedanken kommt. Ich versuche dagegen ganz behutsam, ihr die Freude am Leben wiederzugeben...«

»Ist es Ihnen gelungen?«

Er errötete wie ein Jüngling.

»Ich glaube, ja. Verstehen Sie jetzt, warum sie nicht meine Geliebte ist? Ich liebe sie und ich achte sie. Ich möchte nicht, um einer egoistischen Befriedigung willen...«

Stenographierte Lapointe all das mit? Wenn dieses Verhör den üblichen Verwaltungsweg ging, würde sich Maigret zweifellos lächerlich machen.

»Weiß Jenny, daß ihre Schwester Sie am liebsten tot sähe?«

»Ich habe mit ihr nicht darüber gesprochen.«

»Ist sie darüber im Bilde, daß Sie sich mit Ihrer Frau nicht verstehen?«

»Sie lebt mit uns zusammen. Sie müssen aber wissen, daß wir, meine Frau und ich, uns nie streiten. Dem Anschein nach führen wir eine ganz alltägliche Ehe. Gisèle ist zu intelligent, als daß sie Streitereien vom Zaun bräche. Und sie hat immerhin zehn Millionen in Aussicht, die es ihr ermöglichen würden, in das Geschäft in der Rue Saint-Honoré den gleichen Anteil einzubringen wie dieser Schwob, der sich Harris nennen läßt.«

»Welche zehn Millionen?«

»Die von der Lebensversicherung.«

»Wann haben Sie eine Lebensversicherung abgeschlossen? Vor oder nach der Ankunft Ihrer Schwägerin?«

»Vorher. Das ist jetzt ungefähr vier Jahre her. Gisèle hat schon bei Schwob gearbeitet. Da hat uns ein Versicherungsvertreter seine Aufwartung gemacht, wie zufällig, aber ich habe später erfahren, daß meine Frau ihn gebeten hatte vorbeizukommen. Sie wissen ja, wie das geht. ›Man weiß doch nie, wer zuerst stirbt‹, hat er gesagt. ›Es ist ein Trost für den, der geht, zu wissen, daß der, der zurückbleibt...‹«

Er lachte, zum erstenmal, es war ein leises, unangenehmes Lachen.

»Ich war damals noch ahnungslos. Kurz und gut, wir haben schließlich einen Vertrag über zehn Millionen unterschrieben.«

»Sie sagen *wir*?«

»Ja, weil es eine Versicherung auf Gegenseitigkeit ist, wie sie das nennen.«

»Anders gesagt, wenn Ihre Frau vorher stirbt, bekommen Sie die zehn Millionen?«

»Gewiß.«

»So daß Sie vom Tod Ihrer Frau genausoviel profitieren würden wie sie von Ihrem?«

»Das verhehle ich nicht.«

»Und Sie hassen einander?«

»Sie haßt mich, ja.«

»Und Sie?«

»Ich hasse sie nicht. Ich treffe nur meine Vorsichtsmaßnahmen.«

»Aber Sie lieben Ihre Schwägerin.«

»Auch das verhehle ich nicht.«

»Und Ihre Frau ist die Geliebte von Schwob-Harris.«

»Das steht fest.«

»Haben Sie mir sonst noch etwas zu sagen?«

»Nicht, daß ich wüßte. Ich habe Ihre Fragen beantwortet. Bei einigen, glaube ich, bin ich sogar darüber hinausgegangen. Ich bin bereit, mich morgen früh der Untersuchung zu unterziehen, von der Sie gesprochen haben. Wann soll ich hier sein?«

»Zwischen zehn und zwölf Uhr. Um welche Zeit paßt es Ihnen am besten?«

»Wird es lange dauern?«

»Ungefähr so lange wie bei Doktor Steiner.«

»Das heißt, eine Stunde. Sagen wir elf Uhr, wenn es Ihnen recht ist, da bräuchte ich dann nicht mehr ins Warenhaus zurückzugehen.«

Zögernd stand er auf, als erwartete er noch weitere Fragen. Während er seinen Mantel anzog, murmelte Maigret:

»Ihre Schwägerin erwartet Sie unten am Quai.«

Er hielt in seiner Bewegung inne, und für einen Augenblick blieb seine Hand auf halbem Weg im Ärmel stecken.

»Ach!«

»Überrascht Sie das? Wußte sie nichts von Ihrem Besuch hier?«

Er zögerte nur eine Sekunde, aber es war Maigret nicht entgangen.

»Natürlich nicht.«

Diesmal log er, das war offensichtlich. Plötzlich hatte er

es sehr eilig fortzukommen. Er war sich seiner selbst nicht mehr so sicher.

»Bis morgen...«, stammelte er.

Und da er mit einer ganz mechanischen Bewegung dem Kommissar bereits die Hand hingestreckt hatte, konnte er sie nun nicht mehr zurückziehen. Maigret drückte sie, dann sah er ihm nach, wie er der Treppe zustrebte, und schloß die Tür, hinter der er eine Weile lang reglos stehen blieb und tief durchatmete.

»Uff!...« stöhnte er, während Lapointe mit schmerzenden Fingern in der anderen Tür auftauchte.

Er erinnerte sich nicht daran, jemals ein so verblüffendes Verhör wie dieses erlebt zu haben.

6

Der Abend im Kino

Lucas?« fragte Maigret mit einem Kopfnicken in die Richtung der Verbindungstür zwischen den beiden Büros.

Lapointe verstand nicht nur den Sinn der Frage, sondern er verstand auch, daß dem Kommissar in diesem Augenblick nicht danach zumute war, viele Worte zu machen.

»Er ist zum Quai hinuntergegangen und hat Torrence wieder abgelöst. Weil Torrence ja nicht Bescheid weiß...«

Übergangslos sprang Maigret von einem Gedanken zum anderen, und auch diesmal konnte ihm der Inspektor ohne Mühe folgen.

»Was hältst du denn davon?«

Außer bei Janvier, den er immer geduzt hatte, benutzte Maigret das Du – und das auch nur bei einigen – bloß im Eifer des Gefechts oder wenn er in Gedanken versunken war. Lapointe freute sich stets darüber, denn es kam ihm dann ein wenig so vor, als stünden sie beide plötzlich auf besonders vertrautem Fuß miteinander.

»Ich weiß nicht, Chef... Ich hab ihn nur gehört, ohne ihn zu sehen, was ja einen ziemlichen Unterschied macht...«

Gerade deshalb fragte der Kommissar ihn nach seiner Meinung. Sie hatten dieselben Worte gehört. Aber der junge Mann hinter der Tür war dabei von keinem Gesicht abgelenkt worden, auch nicht von Augen und Händen, auf die er, der Kommissar, ebenfalls geachtet hatte. Lapointe befand sich ungefähr in derselben Situation wie die Logenschließerinnen im Theater, die das jeweilige Stück von den Wandelgängen aus hören und für die die Tiraden auf der Bühne anders klingen als fürs Publikum.

»Auf mich hat er einen ehrlichen Eindruck gemacht.«

»Nicht ein bißchen verrückt?«

»Es ist bestimmt nicht ganz einfach zu sagen, was man denkt, wenn einem jemand wie Sie gegenübersitzt...«

Lapointe hatte gezögert, das auszusprechen, weil er fürchtete, es könnte falsch verstanden werden, während es in seinen Augen ein Kompliment war.

»Sie werden das, was ich meine, besser nachvollziehen können, wenn Sie Ihre Antworten lesen. Nur am Schluß da...«

»Was war am Schluß?«

»Da hat er wahrscheinlich gelogen. Wenigstens hat es sich für mich so angehört. Die Schwägerin dürfte gewußt haben, daß er hierherging. Er wußte, daß sie es wußte. Davon, daß sie ihm nachgeschlichen ist und unten am Quai auf ihn gewartet hat, hatte er allerdings keine Ahnung. Ich glaube, das hat ihn wütend gemacht. Soll ich das jetzt gleich tippen?«

Maigret schüttelte den Kopf und sagte:

»Ich hoffe, daß du es gar nicht zu tippen brauchst.«

Er wurde ungeduldig und fragte sich, warum Lucas nicht wieder heraufkam. Es gab keinen Grund, dem Paar bis in die Avenue de Châtillon zu folgen. Der Kommissar wollte so schnell wie möglich erfahren, wie sich der Schock ausgewirkt hatte, und Lapointe teilte seine Neugier.

»Ich frage mich«, murmelte der Inspektor, »warum er behauptet hat, daß seine Schwägerin nicht Bescheid wüßte.«

»Es könnte dafür einen Grund geben.«

»Welchen?«

»Seinen Wunsch, sie nicht zu gefährden, zu vermeiden, daß sie eines Tages als Komplizin mit angeklagt werden könnte.«

»Das könnte sie doch nur, wenn...«

Lapointe brach ab und sah seinen Chef überrascht an. Maigrets Worte unterstellten, daß etwas passieren würde, etwas, was Xavier Marton in eine üble Lage bringen würde. Ihm blieb keine Zeit, weiter darüber zu reden, denn auf dem Flur waren hastige, ziemlich kurze Schritte zu hören, die nur die Schritte von Lucas sein konnten. Er ging durchs Inspektorenbüro und erschien in der offenen Verbindungstür.

»Kann ich reinkommen, Chef?«

Er hatte noch seinen Mantel an, einen schwarzen Flauschmantel, auf dem ein paar winzige weiße Punkte zu sehen waren.

»Schneit es?«

»Es fängt gerade an. In feinen Flocken, die aber liegenbleiben.«

»Erzähl!«

»Der Kleinen auf dem Quai konnte kaum wärmer gewesen sein als mir, vor allem, weil sie noch leichte Schuhe anhatte, ich habe ihre Absätze auf dem Pflaster klappern hören. Zuerst stand sie reglos an der Quaimauer, und zwar genau zwischen zwei Straßenlaternen. Obwohl ich nur ihre Umrisse gesehen habe, konnte ich an ihrer Haltung erkennen, daß sie zu den erleuchteten Fenstern hinaufschaute. Das sind nicht mehr viele im Haus. Ich habe auch zugesehen, wie eins nach dem anderen dunkel geworden ist. Von Zeit zu Zeit hat man Stimmen unter dem Torbogen gehört. Ich hab übrigens nie gewußt, daß unsere Stimmen so weit tragen, wenn wir hier hinausgehen. Inspektoren kamen zu zweit oder zu dritt raus, wünschten sich einen guten Abend und gingen in verschiedene Richtungen davon...

Sie hat sich unmerklich näher herangeschoben, so als hätten die Lichter in Ihrem Büro sie angezogen, und sie ist immer nervöser geworden. Ich bin sicher, daß sie mehrmals drauf und dran war, die Fahrbahn zu überqueren und hineinzugehen...«

»Ob sie sich wohl vorgestellt hat, ich hätte ihn festgenommen?«

»Das weiß ich nicht. Schließlich kam er dann ganz allein raus und ging an der Wache vorüber. Er sah sich sofort um, als suche er jemanden...«

»Er hat sie gesucht. Ich habe ihm nämlich kurz vorher gesagt, daß sie da ist.«

»Jetzt verstehe ich das. Dort, wo sie stand, konnte er sie kaum sehen. Er hat sie zuerst auf der Seite zum Pont Neuf hin gesucht, aber sie war auf der anderen Seite. Da ist er wieder umgekehrt. Ich habe gedacht, sie würde den Augenblick, in dem er ihr den Rücken zugewandt hat, nutzen und weglaufen oder zum Verladequai hinuntersteigen, aber er hat sie entdeckt, bevor sie sich gerührt hat. Ich konnte nicht verstehen, was sie redeten, doch es hat so ausgesehen, als würde er ihr Vorwürfe machen. Er fuchtelte zwar nicht herum, aber seine Haltung verriet, daß er wütend war.

Dann hat sie sich bei ihm eingehängt, auf den Wachtposten gezeigt und ihn Richtung Pont Saint-Michel davongezogen...«

»Moment mal«, unterbrach Maigret ihn. »Wie hat sie sich bei ihm eingehängt?«

Wenn auch Lucas den Sinn der Frage nicht zu verstehen schien, der verliebte Lapointe begriff sie.

»Ganz normal, wie alle Frauen, die mit ihrem Liebhaber oder Ehemann auf der Straße zu sehen sind. Er mußte ihr anscheinend immer noch ein paar Vorwürfe gemacht haben, aber weniger heftig. Dann hat er wohl gemerkt, daß sie fror, und ihr seinen Arm um die Taille gelegt, und sie hat sich enger an ihn geschmiegt. Sie stimmten ihre Schritte aufeinander ab und gingen im gleichen Rhythmus...«

Lapointe und Maigret sahen sich an und dachten dasselbe.

»Beim Pont Saint-Michel hielten sie kurz an, dann drängten sie sich, immer noch eng umschlungen, zwischen den vorbeifahrenden Autos durch und betraten das Bistro an der Ecke. An der Theke standen eine Menge Leute. Es ist halt gerade Aperitifzeit. Ich habe die beiden durch die beschlagenen Scheiben beobachtet. Hineingegangen bin ich nicht. Sie standen dicht neben der Kasse. Der Kellner hat einen Grog zubereitet und ihn auf dem Tresen der jungen Frau zugeschoben. Sie schien zu protestieren. Marton ließ aber nicht locker. Schließlich begann sie den Grog zu trinken und pustete immer wieder hinein, während er sich mit einem Kaffee begnügte.«

»Übrigens«, wandte sich Maigret an Lapointe, »was hat er denn heute mittag im Restaurant getrunken?«

»Mineralwasser.«

Es war seltsam. Hätte man ihn danach gefragt, hätte Maigret darauf gewettet, daß der Liebhaber elektrischer Eisenbahnen weder Wein noch Schnaps trank.

»Als sie herauskamen«, fuhr Lucas fort, »gingen sie zur Bushaltestelle und warteten. Ich habe sie noch einsteigen sehen. Sie fuhren Richtung Porte d'Orléans, und ich dachte mir, daß ich Ihnen erst einmal Bericht erstatten sollte. War das recht so?«

Maigret nickte. Die ganze Zeit über hatte sich Lucas am Heizkörper die Hände gewärmt, und inzwischen war der Schnee von seinem Mantel verschwunden.

Der Kommissar duzte jetzt auch ihn.

»Hast du heute abend etwas vor?«

»Nichts Besonderes.«

»Ich auch nicht«, sagte Lapointe hastig.

»Ich weiß nicht, welchen von euch beiden ich bitten soll, die Nacht im Freien zu verbringen. Bei diesem Wetter wird das nicht lustig sein...«

»Mich!...« rief der junge Inspektor und hob dabei wie in der Schule die Hand.

Und Lucas:

»Teilen wir uns doch den Job! Ich kann meine Frau anrufen und ihr sagen, daß ich nicht zum Abendessen komme. Mir reicht ein Sandwich in einem Bistro gegenüber der Montrouge-Kirche. Später kann mich Lapointe dann ablösen...«

»Ich komme so gegen zehn«, versprach Lapointe.

»Braucht nicht so früh zu sein. Machen wir doch halbehalbe und sagen wir Mitternacht!«

»Ich werde früher dort sein. Wenn ich sowieso nicht schlafen gehe, tue ich lieber gleich etwas.«

»Gibt's besondere Anweisungen, Chef?«

»Keine, Kinder. Und wenn ich mich morgen dafür verantworten muß, werde ich meine Mühe haben, diese Überwachung zu begründen. Sie sind beide hierhergekommen, der Mann und seine Frau. Beiden lag viel daran, mir zu erzählen, wie es um sie steht. Logischerweise dürfte eigentlich nichts passieren. Aber gerade deshalb, weil...«

Er führte seinen Gedanken nicht zu Ende, denn er war zu verworren, um sich mit ein paar Worten erklären zu lassen.

»Vielleicht hätte ich ihm nicht sagen sollen, daß seine Frau hier war. Ich hatte ja Bedenken. Dann hab ich mir wieder gedacht...«

Er zuckte die Schultern, die Sache ging ihm auf die Nerven. Dann machte er seinen Schrank auf, in dem Hut und Mantel hingen, und brummte dabei:

»Nun, wir werden ja sehen... Trotzdem, gute Nacht, Kinder...«

»Gute Nacht, Chef.«

Und Lucas setzte hinzu:

»Ich bin in einer Stunde dort.«

Draußen war es schneidend kalt geworden, und die Schneeflocken, winzige, harte Eiskristalle, die in den

Lichtkegeln der Straßenlaternen kaum zu sehen waren, stachen in die Haut, als wollten sie sich dort festkrallen, und verfingen sich in Wimpern und Brauen.

Maigret mochte beim besten Willen nicht auf einen Bus warten, sondern nahm ein Taxi und kuschelte sich, in seinen schweren Mantel gehüllt, in den Fond.

Alle Untersuchungen, die er je durchgeführt hatte, erschienen ihm im Vergleich zu dieser kinderleicht, und darüber ärgerte er sich. Noch nie hatte er sich so unsicher gefühlt, daß er so weit gegangen wäre, Pardon anzurufen, seinen Chef und den Oberstaatsanwalt aufzusuchen und, wie eben noch, sogar bei Lapointe um Beifall zu heischen.

Er hatte das Gefühl, den Boden unter den Füßen zu verlieren. Aber dann, als der Wagen gerade um die Place de la République herumfuhr, kam ihm ein Gedanke, der ihn ein wenig tröstete.

Wenn diese Untersuchung anders verlief als sonst, und wenn er nicht wußte, wo er ansetzen sollte, lag das nicht daran, daß es sich diesmal nicht um ein bereits begangenes Verbrechen handelte, das es nur zu rekonstruieren galt, sondern um eins, das erst jeden Augenblick begangen werden konnte?

Oder, was ebensogut sein konnte, gar nicht begangen wurde! Wie viele durchaus im Bereich des Möglichen liegende Verbrechen, vom potentiellen Täter mitunter in Gedanken schon sorgfältig vorbereitet, sind nie ausgeführt worden? Wie viele Menschen hegen die Absicht, jemanden loszuwerden, fassen alle Mittel und Wege ins Auge, um ihr Ziel zu erreichen, und bekommen es im letzten Moment dann doch mit der Angst zu tun?

Fälle, mit denen er sich befaßt hatte, kamen ihm wieder ins Gedächtnis. Manche wären nie gelöst worden, wenn ihm nicht ein glücklicher Umstand, bisweilen sogar ein Zufall, dabei geholfen hätte. In manchen wäre nichts geschehen, hätte das Opfer in einem bestimmten Augenblick nicht dies oder jenes gesagt oder getan.

Diesmal mußte er nicht nur die Taten und Beweggründe eines Menschen rekonstruieren, sondern sein Verhalten vorhersehen, was ungleich schwieriger war.

Die Lehrbücher über Psychologie, Psychoanalyse oder Psychiatrie halfen ihm da allesamt überhaupt nicht weiter.

Ebensowenig wie die anderen Ehepaare, die er kennengelernt und bei denen sich der eine aus irgendeinem Grund den Tod des anderen gewünscht hatte.

Auch die Präzedenzfälle nützten ihm nichts. Sie lassen sich nur auf Berufsverbrecher anwenden oder allenfalls auf Triebtäter. Und auch da höchstens auf Triebtäter, die schon einmal oder mehrmals getötet hatten und wieder rückfällig geworden waren.

Er merkte nicht, daß das Taxi neben dem Gehsteig gehalten hatte. Da sagte der Fahrer:

»Wir sind da, Chef.«

Wie gewöhnlich ging die Tür auf, und Maigret fand auch sonst alles wie immer vor: die erleuchtete Wohnung, die vertrauten Gerüche, die Möbel und andere Gegenstände, die seit so vielen Jahren am selben Platz standen.

Altvertraut war ihm auch der Blick von Madame Maigret, der wie immer, wenn sie wußte, daß ihn etwas bedrückte, eine stumme Frage enthielt.

»Was hältst du davon, ins Kino zu gehen?« schlug er vor.

»Es schneit.«

»Hast du Angst, dich zu erkälten?«

»Nein. Ich würde gern ins Kino gehen.«

Sie ahnte, daß ihm bloß nicht danach zumute war, in seinem Sessel zu sitzen und wie am Abend zuvor ein und dieselbe Frage in seinem Kopf hin und her zu wälzen. So strebten sie eine Stunde später zu Fuß der Place de la République und dem Boulevard Bonne-Nouvelle zu, und Madame Maigret hatte sich bei ihrem Mann eingehängt.

Die Schwägerin von Xavier Marton, Jenny, hatte dasselbe gemacht, nachdem er sie am Quai ertappt hatte. Maigret überlegte, wie lange sie sich eigentlich schon gekannt hatten, bis seine Frau sich diese Geste angewöhnte.

Etwa hundert Meter vor dem Kino – er wußte nicht einmal, welcher Film dort lief – fragte er sie danach.

»Ich weiß es noch«, antwortete sie lächelnd. »Ich erinnere mich genau daran. Wir haben uns damals drei Monate gekannt. In der Woche davor hast du mich im Treppenhaus zum erstenmal geküßt, und von da an jeden Abend, immer an derselben Stelle. Es war ein Dienstag, du bist mit mir in die Opéra Comique gegangen, zu *Carmen*, und ich hatte ein blaues Taftkleid an. Ich könnte dir auch noch sagen, welches Parfum ich benutzt hatte. Auf dem Weg zum Taxi hast du mich nicht untergehakt, du hast mir nur die Hand gereicht, um mir beim Einsteigen zu helfen. Nach der Vorstellung hast du mich gefragt, ob ich nicht Hunger hätte. Dann sind wir in die Richtung der Grands Boulevards gegangen, wo es damals noch die ›Taverne Pousset‹ gab.

Ich habe so getan, als stolperte ich wegen meiner hohen Absätze, und habe nach deinem Arm gegriffen. Meine

Kühnheit hat mich selbst so erschreckt, daß ich zu zittern anfing, und du, du hast klugerweise so getan, als würdest du nichts merken.

Als wir aus dem Restaurant herauskamen, habe ich wieder meine Hand unter deinen Arm geschoben, und das mache ich seither immer so.«

Das hieß also, Jenny war ebenfalls daran gewöhnt. Folglich mußten sie und ihr Schwager oft gemeinsam durch die Straßen spazieren.

Bedeutete das nicht, daß sie sich nicht versteckten und daß, im Gegensatz zu dem, was Marton zu verstehen gab, Gisèle Marton Bescheid wußte?

Er beugte sich zum Kassenschalter hinunter, dann ging er mit zwei rosafarbenen Eintrittskarten in der Hand zum Eingang.

Es wurde ein Kriminalfilm gezeigt, mit Schüssen, Schlägereien und mit einem hartgesottenen Helden, der aus einem Fenster sprang und in einem Auto mit offenem Verdeck landete, in dem er, mitten im Stadtverkehr, den Fahrer niederschlug, dessen Platz einnahm und mit rasender Geschwindigkeit den Polizeifahrzeugen mitsamt ihren heulenden Sirenen davonfuhr.

Er mußte lächeln. Im Grunde amüsierte er sich. Dabei vergaß er die Martons und die Schwägerin, Harris, der eigentlich Schwob hieß, und die mehr oder minder komplizierten Angelegenheiten der zwei Paare.

In der Pause kaufte er Bonbons für seine Frau, denn das war eine beinahe genauso alte Tradition wie die, daß Madame Maigret sich bei ihm einhängte. Es gehörte ebenfalls zur Tradition, daß er, während sie ihre Bonbons lutschte, im Foyer eine halbe Pfeife rauchte und dabei flüchtig die Plakate der nächsten Filme betrachtete.

Als sie das Kino verließen, schneite es immer noch, und die Flocken waren jetzt dicker, so daß man sie einen Augenblick lang am Boden zittern sah, ehe sie schmolzen.

Sie gingen mit geneigten Köpfen, damit sie die Schneeflocken nicht in die Augen bekamen. Am nächsten Morgen würden die Hausdächer und die über Nacht im Freien geparkten Autos sicher alle weiß aussehen.

»Taxi!«

Er fürchtete, seine Frau könnte sich erkälten. Ihm schien es, als hätte sie bereits abgenommen, und er mochte noch so genau wissen, daß sie es auf Anordnung von Pardon tat, es beunruhigte ihn dennoch. Er fürchtete, sie könnte nun anfälliger werden, vielleicht sogar ihren Optimismus und ihre gute Laune verlieren.

Als der Wagen am Boulevard Richard-Lenoir vor ihrer Tür hielt, murmelte er:

»Würde es dir viel ausmachen, wenn ich erst in einer Stunde heimkäme?«

In jedem anderen Fall würde er sie gar nicht danach fragen; er würde ihr einfach erklären, daß er noch zu tun hätte. Aber an diesem Abend handelte es sich um etwas, was nicht nötig, ja nicht einmal zu begründen war, und er hatte das Bedürfnis, sich dafür zu entschuldigen.

»Soll ich auf dich warten?«

»Nein. Geh schlafen. Es könnte später werden.«

Er sah, wie sie den Gehsteig überquerte und dabei in ihrer Handtasche nach dem Wohnungsschlüssel suchte.

»Zur Kirche Saint-Pierre de Montrouge«, sagte er zum Fahrer.

Die Straßen waren beinahe menschenleer, und auf der glatten Fahrbahn zeichneten sich die Schlangenlinien der Autos ab, die ins Schleudern geraten waren.

»Nicht zu schnell …«

Er dachte:

›Wenn wirklich etwas passieren sollte …‹

Warum hatte er das Gefühl, daß es sehr bald geschehen würde? Xavier Marton war tags zuvor bei ihm gewesen. Nicht schon vor einer Woche, obwohl damals die Situation bereits dieselbe war, sondern erst vor einem Tag. Deutete das nicht darauf hin, daß sich das Drama irgendwie zuspitzte?

Auch Gisèle war tags zuvor am Quai gewesen.

Und ihr Mann war heute sogar wiedergekommen.

Er versuchte sich daran zu erinnern, was darüber in dem Psychiatriebuch stand, das er überflogen hatte. War es vielleicht alles in allem falsch, daß er sich nicht mehr dafür interessiert hatte? Es gab mehrere Seiten, die sich mit dem Verlauf der Krisen beschäftigten, aber die hatte er überblättert.

Nun gab es einen Anlaß, der das Drama beschleunigen konnte, wenn es sich denn überhaupt um ein Drama handelte. Xavier Marton hatte sich bereit erklärt, am nächsten Tag um elf Uhr in der Krankenstation des Untersuchungsgefängnisses seinen Geisteszustand überprüfen zu lassen.

Würde er mit seiner Schwägerin darüber sprechen? Mit seiner Frau? Würde Madame Marton ihrem Liebhaber in der Rue Saint-Honoré diese Neuigkeit berichten?

Nach der Untersuchung, welche Ergebnisse sie auch

immer bringen mochte, schien es für ›neue Entwicklungen‹ eigentlich zu spät zu sein.

Das Taxi hielt vor der Kirche. Maigret bezahlte den Fahrpreis. Gegenüber war noch ein Bistro offen, in dem höchstens zwei oder drei Gäste zu sehen waren. Maigret ging hinein und bestellte einen Grog, weniger um sich aufzuwärmen, sondern weil vorher von einem Grog die Rede gewesen war. Als er die Telefonkabine ansteuerte, rief ihm der Kellner nach:

»Wollen Sie einen Jeton?«

»Ich werfe nur einen Blick ins Telefonbuch.«

Ohne konkreten Grund übrigens. Bei dem Gedanken an Monsieur Harris hatte er sich gefragt, ob die Martons wohl ein Telefon hätten, und nun wollte er nachsehen.

Sie hatten keins. Es gab viele Mortons, Martins, aber keinen einzigen Marton.

»Was bin ich schuldig?«

Er schritt die Avenue de Châtillon entlang, die wie ausgestorben dalag und in der nur noch zwei oder drei Fenster erleuchtet waren. Er entdeckte weder Lucas noch Lapointe und wurde langsam unruhig, als er etwa auf halber Höhe, kurz hinter der Rue Antoine-Chantin, dicht neben sich eine Stimme hörte:

»Hier, Chef...«

Es war der junge Lapointe, der in der Nische eines Hauses lehnte, einen Schal bis zur Nase hochgezogen und die Hände in den tiefsten Tiefen seiner Manteltaschen vergraben.

»Ich habe Ihren Schritt gleich erkannt, als Sie in die Straße eingebogen sind.«

»Ist es hier?« erkundigte sich der Kommissar und nickte zu einem Mietshaus aus gelbem Backstein hinüber, dessen Fenster ausnahmslos dunkel waren.

»Ja. Sehen Sie das dunkle Loch rechts von der Eingangstür?«

Es war eine Art Sackgasse, ein schmaler Durchgang, wie man sie in Paris noch häufig antrifft, sogar mitten im Herzen der Stadt. In einem solchen Durchgang am Boulevard Saint-Martin hatte man einmal um fünf Uhr nachmittags nur wenige Meter von der am Gehsteig vorüberziehenden Menschenmenge entfernt einen Mann ermordet aufgefunden.

»Geht es da in den Hof hinein?«

»Ja. Sie können kommen und gehen, ohne die Concierge zu bemühen.«

»Hast du dich drinnen umgesehen?«

»Ich gehe alle zehn Minuten rein. Aber seien Sie vorsichtig, wenn Sie reingehen! Eine riesige rote Katze kommt lautlos angeschlichen und streicht einem um die Beine. Als ich zum erstenmal drinnen war, hat sie miaut, und ich hatte schon Angst, sie könnte mich verraten.«

»Sind sie schon im Bett?«

»Vorhin waren sie's noch nicht.«

»Was machen sie denn?«

»Ich weiß es nicht. Im ersten Stock muß jemand sein, denn es brennt Licht, aber durch die Vorhänge kann man nichts sehen. Ich habe vergeblich darauf gewartet, den Schatten einer Gestalt zu entdecken; es steht zu vermuten, daß sich die Person nicht bewegt oder im Hintergrund des Raums aufhält, vielleicht sind es ja auch mehrere. Im Erdgeschoß brennt auch noch Licht. Man merkt es bloß nicht gleich, weil die metallenen Fensterläden nur ganz schmale Lichtstreifen durchsickern lassen.«

Maigret überquerte die Straße, und Lapointe folgte ihm. Beide vermieden jegliches Geräusch. Der Durchgang, der unter einem drei bis vier Meter langen Gewölbe verlief, war kalt und feucht wie ein Keller. Im Hof umfing sie absolute Dunkelheit, und während sie reglos verharrten, kam tatsächlich eine Katze, strich aber nicht dem Kommissar, sondern Lapointe um die Beine, den sie anscheinend schon ins Herz geschlossen hatte.

»Jetzt sind sie im Bett«, flüsterte der Inspektor. »Sie stehen direkt vor dem Fenster, hinter dem vorhin noch Licht gebrannt hat.«

Auf Zehenspitzen schlich er näher, bückte sich und kam wieder zum Kommissar zurück. Gerade als die beiden Männer umkehren wollten, flammte ein Licht auf, jedoch nicht im Pavillon, sondern im dritten Stock des Mietshauses. Im Schutz der Dunkelheit rührten sie sich nicht von der Stelle, denn sie fürchteten, ein Mieter könnte sie gehört haben, und sie rechneten damit, daß er gleich seine Nase an der Scheibe platt drücken würde.

Doch es geschah nichts dergleichen. Ein Schatten bewegte sich hinter der Gardine. Dann hörten sie eine Wasserspülung.

»Pipi ...«, seufzte Lapointe erleichtert auf.

Im nächsten Augenblick waren sie wieder auf dem Gehsteig gegenüber. Seltsamerweise waren sie fast enttäuscht, alle beide. Lapointe war es, der schließlich murmelte:

»Die sind tatsächlich schlafen gegangen.«

Hieß das nicht, daß nun nichts mehr passieren würde und daß sich der Kommissar zu Unrecht Sorgen gemacht hatte?

»Ich frage mich...«, begann Maigret.

Da tauchten zwei Polizisten auf Fahrrädern auf und kamen direkt auf sie zu. Sie hatten sie von weitem erspäht, und einer der beiden rief ihnen vom Bordstein her laut zu:

»Was treibt ihr da, ihr zwei?«

Maigret trat ein Stück vor. Der Strahl einer Taschenlampe suchte sein Gesicht. Da runzelte der Polizist die Stirn.

»Sind Sie nicht...? Oh, Verzeihung, Herr Kommissar... Ich habe Sie nicht gleich erkannt...«

Nach einem Blick auf das Haus gegenüber fügte er hinzu:

»Können wir Ihnen irgendwie behilflich sein?«

»Im Moment nicht.«

»Wir kommen auf jeden Fall einmal in der Stunde hier vorbei.«

Die zwei Männer in ihren Pelerinen, auf denen sich eine dünne Schneeschicht gebildet hatte, fuhren weiter, und Maigret ging zu Lapointe zurück, der im Hintergrund geblieben war.

»Was hab ich eben gesagt?«

»Daß Sie sich etwas fragen...«

»Ach, ja!... Ich habe mich gefragt, ob Marton und seine Frau wohl noch im selben Bett schlafen...«

»Ich weiß es nicht. Wie Janvier mir heute nachmittag erzählt hat, steht ein Sofa im Erdgeschoß, was nicht heißen muß, daß dort jemand nächtigt. Aber wenn das einer tut, müßte das dann nicht logischerweise die Schwägerin sein?«

»Gute Nacht, mein Lieber. Vielleicht kannst du ...«

Er war unschlüssig, ob er Lapointe nicht ins Bett schikken sollte. Welchen Sinn hatte es noch, vor einem Haus Wache zu halten, in dem sich nichts ereignete?

»Falls Sie sich meinetwegen Gedanken machen ...«

Wahrscheinlich wäre Lapointe nur gekränkt, wenn er seinen Beobachtungsposten vorzeitig verlassen müßte.

»Bleib halt da, wenn du willst. Gute Nacht. Aber möchtest du nicht wenigstens einen trinken gehen?«

»Ehrlich gesagt, habe ich das, ein paar Minuten bevor Sie gekommen sind, schon gemacht. Von der Eckkneipe aus konnte ich die Straße im Auge behalten.«

Als Maigret wieder die Kirche Saint-Pierre de Montrouge erreichte, waren die Gitter der Metrostation schon geschlossen, und es war kein Taxi in Sicht. Er überlegte, ob er zum steinernen Löwen von Belfort auf der Place Denfert-Rochereau oder besser durch die Avenue du Maine zur Gare Montparnasse gehen sollte. Wegen des Bahnhofs entschied er sich für die Avenue du Maine, und es gelang ihm wirklich bald, ein Taxi heranzuwinken, das gerade ohne Fahrgast von dort zurückkam.

»Boulevard Richard-Lenoir.«

Er hatte den Wohnungsschlüssel nicht bei sich, aber er wußte, er würde ihn unter der Fußmatte finden. Obwohl er Kommissar der Kriminalpolizei war, hatte er doch nie daran gedacht, seiner Frau zu sagen, daß dieser Platz als Versteck zumindest illusorisch war.

Sie schlief schon, und er begann sich im Halbdunkeln

auszuziehen, weil er nur die Lampe im Flur hatte brennen lassen. Augenblicke später fragte eine Stimme vom Bett her:

»Wie spät ist es?«

»Ich weiß nicht. Vielleicht halb zwei...«

»Hast du dich auch nicht erkältet?«

»Nein.«

»Soll ich dir noch einen Tee machen?«

»Nein, danke. Ich hab vorhin einen Grog getrunken.«

»Und danach warst du doch wieder draußen?«

Es waren belanglose, banale Sätze, die er schon hundertmal gehört hatte, aber in dieser Nacht berührten sie ihn seltsam, denn er fragte sich, ob Gisèle Marton sie jemals ausgesprochen hatte.

War es nicht genau deshalb, weil er sie nie zu hören bekommen hatte, daß ihr Mann...

»Du kannst ruhig Licht machen.«

Er begnügte sich damit, die Nachttischlampe neben seinem Bett anzuknipsen, und löschte das Licht im Flur.

»Hast du die Wohnungstür richtig zugeschlossen?«

Es hätte ihn nicht überrascht, wenn seine Frau in ein paar Minuten noch einmal aufgestanden und nachsehen gegangen wäre.

Auch das gehörte dazu, zu einer Gemeinschaft, die Xavier Marton zweifellos gesucht, aber nicht gefunden hatte, die...

Er schlüpfte zwischen die warmen Laken, schaltete die Lampe aus und fand im Dunkeln, ohne lange herumzutasten, die Lippen seiner Frau.

Er glaubte, daß es ihm schwerfallen würde, Ruhe zu

finden, doch kurz darauf war er schon eingeschlafen. Hätte man allerdings unvermutet Licht gemacht, dann hätte man entdeckt, daß er noch im Schlaf die Stirn runzelte und daß ein angespannter Ausdruck auf seinem Gesicht lag, so als jagte er noch immer einer Wahrheit nach, die sich ihm entzog.

Für gewöhnlich stand Madame Maigret um halb sieben leise auf und ging in die Küche, ohne daß er es merkte. Er wurde sich des anbrechenden Tages erst langsam bewußt, wenn ihm der Kaffeeduft in die Nase stieg.

Es war die Zeit, in der auch andere Fenster am Boulevard Richard-Lenoir und in allen Stadtvierteln von Paris hell wurden, die Zeit, in der auf den Gehsteigen die Schritte der Frühaufsteher widerhallten.

An diesem Morgen weckte ihn nicht der vertraute Duft des Kaffees, es waren auch nicht die gedämpften Schritte seiner Frau. Es war das Klingeln des Telefons, das ihn plötzlich der nächtlichen Welt entriß, und als er die Augen aufschlug, rüttelte Madame Maigret, die sich schon im Bett aufgesetzt hatte, an seiner Schulter.

»Wie spät ist es?« lallte er schlaftrunken.

Sie tastete nach dem Druckknopf der Nachttischlampe, und gleich darauf fiel das Licht auf den Wecker, dessen Zeiger auf sechs Uhr zehn standen.

»Hallo …«, meldete Maigret sich mit belegter Stimme. »Sind Sie es, Lapointe?«

»Kommissar Maigret?«

Er erkannte die Stimme nicht und zog die Brauen hoch.

»Wer ist denn am Apparat?«

»Hier ist das Überfallkommando. Inspektor Joffre.«

Es kam manchmal vor, daß er das Überfallkommando anwies, ihn direkt zu verständigen, falls dieses oder jenes Ereignis eintreten sollte. Doch am Abend zuvor hatte er nichts dergleichen getan. Seine Gedanken schwirrten noch durcheinander. Eigentlich wunderte er sich bloß.

»Was ist los, Joffre? Hat Lapointe …?«

»Was ist mit Lapointe?«

»Hat Lapointe Sie gebeten, mich anzurufen?«

»Von Lapointe habe ich nichts gehört. Mich hat nur gerade jemand am Telefon gebeten, Ihnen etwas auszurichten.«

»Was?«

»Sie sollen sofort in die Avenue de Châtillon kommen … Warten Sie! Ich habe die Nummer aufgeschrieben …«

»Die kenne ich. Wer war denn dran?«

»Das weiß ich nicht. Es wurde kein Name genannt.«

»Ein Mann? Eine Frau?«

»Eine Frau. Sie hat behauptet, Sie wüßten schon, worum es ginge und was das zu bedeuten hätte. Anscheinend hat sie Ihre Nummer im Telefonbuch gesucht, aber weil …«

Maigret stand nicht im Telefonbuch.

»Kann ich irgend etwas für Sie tun?«

Der Kommissar zögerte. Beinahe hätte er Joffre ersucht, in seinem Namen im Kommissariat des 14. Arrondissements anzurufen, damit sie jemanden in die Avenue de Châtillon schickten. Dann überlegte er es sich anders und tat es nicht. Er saß auf der Bettkante und suchte mit den Fußspitzen nach seinen Pantoffeln. Seine Frau war bereits in der Küche, und er hörte das Pffft der Gasflamme, auf der sie Wasser ansetzte.

»Nein, nichts. Danke…«

Er wunderte sich nur darüber, daß nicht Lapointe angerufen hatte, wo er sich doch an Ort und Stelle aufhielt.

Um welche Frau handelte es sich? Um Gisèle Marton? Um die Schwägerin? Falls es eine der beiden war, dann dürfte sie das Haus nicht verlassen haben, sonst hätte Lapointe es bemerkt und selbst bei Maigret angerufen. Aber die Martons hatten doch kein Telefon.

Er rief seine Frau.

»Sei so nett und schau, während ich mich anziehe, mal im Telefonbuch nach, in dem, das nach Straßen geordnet ist, wer in der Avenue de Châtillon Nummer 17 Telefon hat!«

Er überlegte, ob er sich rasieren sollte, und obwohl er nur widerwillig so aus dem Haus ging, tat er es nicht, um keine Zeit zu verlieren.

»17… Da ist es… Wohnhaus…«

»Gut. Das heißt, daß die Concierge in ihrer Loge ein Telefon hat.«

»Da gibt es noch eine Madame Boussard, eine Hebamme. Das ist schon alles. Der Kaffee ist in zwei Minuten fertig.«

Er hätte Joffre darum bitten sollen, ihm einen Wagen vom Quai des Orfèvres zu schicken, aber jetzt würde das länger dauern, als ein Taxi zu rufen.

Madame Maigret kümmerte sich darum. Fünf Minuten später, nachdem er sich den Mund verbrannt hatte, weil der Kaffee noch zu heiß war, stieg der Kommissar die Treppe hinunter.

»Rufst du mich an?« fragte seine Frau, während sie sich über das Geländer beugte.

Das war etwas, worum sie ihn selten bat. Sie mußte gespürt haben, daß ihn dieser Fall stärker beschäftigte als andere.

Er versprach:

»Ich werde es versuchen.«

Das Taxi traf ein. Er stürzte sich hinein und merkte kaum, daß es nicht mehr schneite und daß weder auf der Straße noch auf den Dächern Spuren von Weiß zurückgeblieben waren, sondern daß ein eiskalter Regen die Pflastersteine schwarz erscheinen ließ.

»Avenue de Châtillon.«

Er rümpfte die Nase, denn im Taxi roch es noch nach Parfum. Sicher hatte es vor kurzem ein Paar nach Hause gefahren, das die Nacht in einer Bar durchtanzt hatte. Etwas später bückte er sich und hob ein kleines rosarotes Kügelchen auf, wie erwachsene Leute sie sich nach Mitternacht zuwerfen, wenn sie Champagner trinken.

7

Die Wendeltreppe

Maigret hatte sich an der Ecke der Avenue de Châtillon absetzen lassen, und wie in seinem eigenen Viertel waren auch hier die regennassen Gehsteige menschenleer; wie am Boulevard Richard-Lenoir brannte in einigen Fenstern, drei oder vier pro Haus, schon Licht; während er etwa hundert Meter lief, sah er zwei, die gerade hell wurden, und in einem noch nicht erleuchteten Erdgeschoß hörte er einen Wecker rasseln.

Er hielt nach Lapointe in seiner Nische Ausschau, fand ihn aber nicht und brummte, verdrießlich, beunruhigt und noch nicht ganz wach, halblaut vor sich hin.

Im Flur des Mietshauses entdeckte er schließlich eine sehr kleine Frau mit Hüften, die ebenso breit wie ihre Schultern waren, die die Concierge sein mußte, dann einen Angestellten der Metro, der den Blechbehälter mit seinem Mittagessen in der Hand hielt, und noch eine Frau, eine alte, mit Lockenwicklern im weißen Haar und in einen himmelblauen wollenen Morgenrock gehüllt, zu dem sie sich einen aufdringlich violetten Schal umgebunden hatte.

Alle drei sahen ihn schweigend an, und erst später, als er wußte, was geschehen war, wurde ihm klar, warum Lapointe nicht auf dem Gehsteig stand. Zumindest für kurze Zeit fühlte er eine beklemmende Leere in seiner Brust, denn er hatte befürchtet, sein Inspektor könnte aufgrund irgendwelcher Umstände, die er nicht zu erahnen vermochte, das Opfer sein.

Wie immer war es viel einfacher gewesen. Als Gisèle Marton zum Telefonieren zur Concierge gekommen war, war diese schon auf und gerade dabei, sich Kaffee zu machen, aber sie hatte die Mülleimer noch nicht hinausgestellt. Ihr war nicht entgangen, daß das Überfallkommando angerufen wurde, und sie hatte auch gehört, was ihre Mieterin am Telefon gesagt hatte, bevor sie wieder hinausgegangen war, ohne die geringste Erklärung abzugeben.

Die Concierge hatte dann wie jeden Morgen einen Flügel der Haustür geöffnet, um die Mülleimer auf den Gehsteig zu ziehen. Just in diesem Moment hatte Lapointe die Straße überquert, weil er einen Blick in den Hof werfen wollte, wie er es während der Nacht mehrmals getan hatte. Wegen des Telefongesprächs, das sie soeben mit angehört hatte, war die Frau mißtrauisch geworden:

»Was suchen Sie hier?«

»Es ist doch hoffentlich nichts Ungewöhnliches im Haus passiert?«

Er zeigte ihr seine Dienstmarke.

»Sie sind von der Polizei? Hinten im Hof wohnt jemand, der gerade die Polizei angerufen hat. Was soll bloß dieses heimliche Getue?«

So kam es, daß Lapointe diesmal den Hof ganz offen überquerte und an die Tür klopfte, unter der er einen schmalen Lichtstreifen durchschimmern sah. Die drei Fenster des ersten Stocks waren ebenfalls erleuchtet.

Maigret brauchte erst gar nicht zu klopfen. Man hatte

seine Schritte schon gehört, und es war Lapointe, der ihn einließ, ein bleicher Lapointe, was sowohl an seiner Müdigkeit als auch an dem lag, was er soeben entdeckt hatte. Er sagte kein Wort, der Anblick, der sich seinem Chef bot, sprach für sich selbst.

Das Sofa im Wohnatelier ließ sich für die Nacht durchaus in ein Bett verwandeln, und Xavier Marton hatte darauf geschlafen. Die Laken waren zerwühlt, das Kopfkissen war verrutscht, und am Boden, auf dem beigefarbenen Juteteppich auf halbem Weg zwischen dem Bett und der Wendeltreppe, die in den ersten Stock führte, lag der Liebhaber elektrischer Eisenbahnen im Schlafanzug auf dem Bauch, mit dem Gesicht nach unten.

Die roten Streifen des Schlafanzugs betonten seine verkrümmte Haltung noch. Er sah so aus, als wäre er zusammengebrochen, während er sich auf allen vieren vorwärts schleppte, und er war vollkommen verrenkt; die Hände waren verkrampft, und der rechte Arm ragte nach vorn, wie wenn er mit letzter Kraft versucht hätte, den Trommelrevolver zu erreichen, der ebenfalls auf dem Boden lag, etwa zwanzig Zentimeter von seinen Fingern entfernt.

Maigret fragte nicht, ob er tot sei. Das war offensichtlich. Drei Personen beobachteten ihn stumm, denn die zwei Frauen standen auch da, beinahe genauso reglos wie der Leichnam und ebenfalls in ihren Nachtgewändern, über die sie Morgenmäntel gestreift hatten, die nackten Füße steckten in Pantoffeln. Jenny hingen die Haare, die etwas dunkler waren als die ihrer Schwester, ins Gesicht und verdeckten ein Auge.

Mechanisch, ohne über seine Worte nachzudenken, murmelte Maigret, an Lapointe gewandt:

»Du hast doch nichts angerührt?«

Lapointe schüttelte den Kopf. Er hatte dunkle Ringe unter den Augen, und sein Bart war, wie der Bart des Toten und wie der Maigrets, während der Nacht gewachsen.

»Verständige das hiesige Kommissariat! Ruf beim Erkennungsdienst an, sie sollen uns sofort die Fotografen und die Sachverständigen herschicken. Laß auch Doktor Paul kommen ...«

»Und die Staatsanwaltschaft?«

»Das hat noch Zeit.«

In dem Teil des Palais de Justice begann der Tag nicht so früh wie am Quai des Orfèvres, und Maigret war nicht darauf erpicht, daß ihm diese Herren zu früh im Nacken saßen.

Er beobachtete die zwei Frauen genau. Weder die eine noch die andere war auf die Idee gekommen, sich zu setzen. Neben dem Tisch mit der elektrischen Eisenbahn lehnte sich die Schwägerin mit dem Rücken gegen die Wand, hielt ein zusammengeknülltes Taschentuch fest, betupfte sich hin und wieder die geröteten Augen und schniefte, als hätte sie einen Schnupfen. Sie hatte große, dunkle Augen, sanft und voller Angst, wie Tiere im Wald, wie Rehe zum Beispiel, und sie verströmte noch die Wärme des Bettes.

Kühler oder gefaßter betrachtete Gisèle Marton den Kommissar, und nur ihre Hände verkrampften sich von Zeit zu Zeit.

Lapointe war hinausgegangen, er hatte den Hof bereits überquert. Jetzt dürfte er damit beschäftigt sein, in der

Loge der Concierge zu telefonieren. Die beiden Frauen rechneten sicher damit, daß Maigret sie verhören würde. Vielleicht hatte er das auch einen Moment lang in Erwägung gezogen, aber schließlich sagte er nur leise:

»Ziehen Sie sich an!«

Das verwirrte sie, Jenny noch mehr als Gisèle. Sie machte den Mund auf, als wollte sie sprechen, sagte dann doch nichts und entschloß sich nach einem harten, haßerfüllten Blick auf ihre Schwester dazu, als erste nach oben zu gehen. Während sie die Treppe hinaufstieg, konnte der Kommissar ihre nackten, weißen Schenkel erkennen.

»Sie auch...«

Mit etwas heiserer Stimme erklärte Gisèle:

»Ich weiß.«

Sie schien zu warten, bis ihre Schwester sich in ihrem Zimmer eingeschlossen hatte, ehe sie auch hinaufging.

Maigret war nur für wenige Augenblicke mit Martons Leiche allein, und ihm blieb kaum genügend Zeit, sich gründlich im Raum umzusehen. Dennoch hatte er sich alle, auch die nichtigsten Einzelheiten eingeprägt und wußte, daß er sie, wann immer er sie brauchen sollte, in seinem Gedächtnis wie auf einem Foto wiederfinden würde.

Er hörte ein Auto vorfahren, Bremsen quietschen und Türen zuschlagen. Dann vernahm er Schritte im Hof, und so wie Lapointe es für ihn gemacht hatte, öffnete er die Tür.

Er kannte Boisset, den Inspektor des 14. Arrondissements, der von einem Polizisten in Uniform und von einem kleinen, rundlichen Mann mit Arztkoffer begleitet wurde.

»Kommen Sie herein, alle drei... Ich glaube, Doktor,

Sie brauchen nur den Tod festzustellen... Doktor Paul wird nicht lange auf sich warten lassen...«

Boisset sah sie fragend an.

»Ein Fall, mit dem ich seit zwei Tagen beschäftigt bin«, murmelte Maigret. »Ich erkläre es Ihnen später... Im Moment ist hier weiter nichts zu tun...«

Sie hörten Schritte über ihren Köpfen, das Geräusch eines Wasserhahns, eine Toilettenspülung.

Da Boisset erstaunt zur Decke blickte, sagte Maigret noch:

»Die Frau und die Schwägerin...«

Er fühlte sich so erschöpft, als hätte er, und nicht Lapointe, die Nacht draußen in der Kälte und im Regen verbracht. Der Inspektor kam bald wieder zurück. Der Arzt, der sich für einen Moment niedergekniet hatte, richtete sich wieder auf. Er hatte eine Taschenlampe auf die starren Pupillen des Toten gerichtet und, mit dem Gesicht dicht über dessen Lippen, geschnüffelt.

»Auf den ersten Blick sieht es nach einer Vergiftung aus.«

»Es ist eine.«

Lapointe gab Maigret durch ein Zeichen zu verstehen, daß er seinen Auftrag ausgeführt hatte. Im Hof war Getuschel zu hören. Mehrere Leute hatten sich den immer noch geschlossenen Fensterläden genähert.

Maigret wandte sich an den Polizisten in Uniform:

»Es wäre gut, wenn Sie dafür sorgten, daß sich draußen keine Menschenmenge ansammelt.«

Der Arzt fragte:

»Brauchen Sie mich noch?«

»Nein. Die Angaben zur Person für den Totenschein erhalten Sie später.«

»Guten Tag, Messieurs! Boisset weiß, wo ich zu finden bin ...«

Gisèle Marton kam als erste die Treppe herunter, und Maigret bemerkte sofort, daß sie ihr Kostüm angezogen hatte und ihren Pelzmantel über dem Arm trug. Sie hatte auch eine Handtasche mitgebracht, was darauf hindeutete, daß sie damit rechnete, mitgenommen zu werden. Im übrigen hatte sie sich sorgfältig, aber dezent geschminkt. Ihre Miene war ernst, nachdenklich und verriet noch einen Rest grenzenloser Verwunderung.

Als Jenny wieder auftauchte, trug sie ein schwarzes Kleid. Kaum hatte sie die Aufmachung ihrer Schwester wahrgenommen, befeuchtete sie sich die Lippen und fragte:

»Soll ich einen Mantel anziehen?«

Maigret nickte kurz. Derjenige, der ihn am aufmerksamsten beobachtete, war Lapointe, auf den das Verhalten seines Chefs noch selten so großen Eindruck gemacht hatte. Er spürte, daß dies keine gewöhnliche Untersuchung war, daß der Kommissar nicht die Absicht hatte, übliche Methoden anzuwenden, aber er hatte nicht die leiseste Ahnung, was er zu tun gedachte.

Alle waren so angespannt, daß es wie eine Erleichterung wirkte, Boisset eine Zigarette anzünden zu sehen. Er hielt die Packung Lapointe hin, der ablehnte, dann wandte er sich an Gisèle, die wartete, als stünde sie auf einem Bahnsteig, wobei sie es vermied, den Toten anzusehen, und er fragte:

»Rauchen Sie?«

Sie nahm eine Zigarette. Er kam ihr mit der Flamme seines Feuerzeugs entgegen, und sie begann in hastigen Lungenzügen zu rauchen.

»Haben Sie einen Polizeiwagen vor der Tür?« fragte Maigret den Inspektor des 14. Arrondissements.

»Ich habe ihn für alle Fälle warten lassen.«

»Kann ich ihn benutzen?«

Er sah sich noch einmal um, als wollte er sich vergewissern, daß er auch keine Einzelheit vergessen hatte. Er war nahe daran, den beiden Frauen das Zeichen zum Aufbruch zu geben, als er es sich anders überlegte.

»Einen Moment...«

Jetzt ging er, allein, in den ersten Stock hinauf, wo die Lichter noch brannten. Es gab nur zwei Zimmer, ein Bad und eine Abstellkammer, in der sich alte und neuere Koffer neben einer Schneiderpuppe stapelten und auf dem Fußboden zwei alte Petroleumlampen standen und verstaubte Bücher herumlagen.

Er betrat den ersten Raum, den größeren, in dem ein Doppelbett stand. Am Geruch merkte er, daß er sich im Schlafzimmer von Madame Marton befand. Das bestätigte ihm auch der Schrank, denn er fand in ihm Kleider in der Art, die sie trug, schlicht, elegant und von erlesener Qualität. Auf einem Einlegebrett dicht über dem Boden reihte sich ein Dutzend Paar Schuhe aneinander.

Das Bett war zerwühlt, wie unten. Ihr Nachthemd und den lachsrosa Morgenmantel hatte sie nachlässig darübergeworfen.

Auf dem Frisiertisch sah er Cremedosen, Flakons, ein

Necessaire mit silbernem Maniküreбesteck, Haarnadeln in einer chinesischen Schale.

Ein zweiter Schrank enthielt Herrenkleidung, nur zwei Anzüge, eine Sportjacke, zwei Paar Schuhe, Sandalen. Unten gab es wohl keinen Schrank, und Marton hatte weiterhin seine Sachen im ehelichen Schlafzimmer untergebracht.

Er zog die Schubladen der Kommoden heraus, dann stieß er eine Tür auf und gelangte ins Badezimmer. Auf der gläsernen Ablage entdeckte er drei Zahnputzbecher mit je einer Bürste, was darauf schließen ließ, daß das Bad von allen dreien benutzt wurde. Lippenstiftspuren auf zerknüllten Handtüchern, von denen eins am Boden lag. Und, auf dem Toilettenbecken und den Fliesen darum herum, kleine, angetrocknete Flecken, als ob sich während der Nacht hier jemand übergeben hätte.

Das andere Zimmer hatte keinen direkten Zugang zum Bad. Man mußte über den Flur gehen. Es war kleiner, hatte eine blaue Blümchentapete, und das Bett war nur für eine Person.

Hier herrschte größere Unordnung als im ersten. Die Schranktür war nicht geschlossen worden. Ein Tweedmantel trug das Etikett eines New Yorker Kleidergeschäfts. Viel weniger Schuhe, nur vier Paar, von denen zwei Paar ebenfalls aus Amerika stammten. Auf einem Tisch schließlich, auf dem eine gestickte Decke lag und der als Frisiertisch diente, ein buntes Durcheinander unterschiedlichster Dinge: ein Bleistift mit abgebrochener Mine, ein Füller, Kleingeld, Kämme, Haarnadeln, eine Bürste, die schon einen Teil ihrer Borsten verloren hatte.

Auch hier prägte sich Maigret alles ein. Als er wieder hinunterging, fühlte er sich genauso zerschlagen wie zuvor, und seine Augen stierten vor sich hin.

Er entdeckte, daß sich die Küche im Erdgeschoß befand, hinter einer Trennwand, die man in einer Ecke der ehemaligen Schreinerwerkstatt eingezogen hatte. Er machte die Tür auf, während ihm Gisèle Marton unaufhörlich mit ihren Blicken folgte. Die Küche war winzig: ein Gasherd, ein weißer Schrank, ein Spülstein und ein Tisch, auf dem eine Wachstuchdecke lag, das war alles.

Es stand kein Geschirr herum. Das Becken des Spülsteins war trocken.

Er kehrte zu den anderen zurück, die immer noch so starr wie Wachsfiguren aussahen.

»Du wirst die Herren von der Staatsanwaltschaft in Empfang nehmen...«, sagte er zu Lapointe. »Entschuldige mich bei Doktor Paul, daß ich nicht auf ihn gewartet habe. Bitte ihn, mich anzurufen, sobald er alles Nötige veranlaßt hat. Ich schick dir jemanden her, ich weiß aber noch nicht, wen...«

Er wandte sich den beiden Frauen zu.

»Wenn Sie mir bitte folgen wollen...«

Von den beiden machte die Schwägerin den ängstlicheren Eindruck, und man hätte meinen können, daß sie das Haus höchst widerwillig verließ. Gisèle dagegen hatte bereits die Tür geöffnet und stand, sehr aufrecht, im Regen und wartete.

Der Polizist hatte die Schaulustigen aus dem Hof verdrängt, aber er konnte sie nicht daran hindern, sich vor dem Durchgang und auf dem Gehsteig zusammenzuscharen.

Die alte Frau war immer noch da, mit ihrem violetten Schal, den sie sich in Ermangelung eines Regenschirms über den Kopf gezogen hatte. Der Angestellte der Metro hatte sich zu seinem Bedauern zur Arbeit begeben müssen.

Man sah ihnen zu, wie das Publikum solchem Kommen und Gehen, das ihm geheimnisvoll und dramatisch zugleich scheint, immer zusieht. Der Beamte bahnte ihnen durch die Menge einen Weg zum Wagen, und der Kommissar ließ die beiden Frauen vorgehen.

Eine Stimme sagte:

»Er hat sie verhaftet...«

Er schloß die Tür hinter ihnen, lief um das Auto herum und setzte sich neben den uniformierten Fahrer.

»Zur Kriminalpolizei.«

Allmählich, wenngleich noch sehr langsam, merkte man, daß es Tag wurde. Der Regen färbte sich grau, der Himmel sah schmutzig aus. Sie überholten Busse, und unausgeschlafene Leute strömten die Stufen zur Metro hinunter.

Als sie die Quais erreichten, leuchteten die Straßenlaternen nur noch ganz schwach, und die Türme von Notre-Dame hoben sich gegen den Himmel ab.

Der Wagen fuhr in den Hof hinein. Während der Fahrt hatten die beiden Frauen kein Wort gesprochen, aber eine von ihnen, Jenny, hatte mehrmals geschnieft. Einmal hatte sie sich ausgiebig geschneuzt. Beim Aussteigen hatte sie eine rote Nase, wie Marton bei seinem ersten Besuch.

»Hier entlang, Mesdames.«

Er ging ihnen auf der breiten Treppe, die gerade gefegt wurde, voraus, stieß die Glastür auf und hielt nach Joseph Ausschau, den er aber nirgends sah. Schließlich führte er sie in sein Büro, wo er das Licht einschaltete und einen Blick ins Zimmer der Inspektoren warf, die erst zu dritt waren, ausgerechnet drei, die von der ganzen Sache nichts wußten.

Auf gut Glück suchte er Janin aus.

»Würden Sie einen Moment in meinem Büro bei diesen Damen bleiben?«

Und an die beiden gewandt, sagte er:

»Setzen Sie sich doch, ich bitte Sie! Sie haben sicher noch keinen Kaffee getrunken?«

Jenny antwortete nicht. Madame Marton schüttelte den Kopf. Ostentativ ging Maigret zur Tür, schloß von innen ab und steckte den Schlüssel in die Tasche.

»Sie täten besser daran, sich zu setzen, denn Sie werden wohl eine Weile hierbleiben.«

Er betrat das Büro nebenan.

»Baron! Rufen Sie doch in der ›Brasserie Dauphine‹ an. Sie sollen eine große Kanne Kaffee bringen... Schwarzen Kaffee... Dazu drei Tassen und Croissants...«

Daraufhin ließ er sich auf einen Stuhl dicht neben dem Fenster fallen, nahm den Hörer eines anderen Apparats ab und verlangte die Privatnummer des Oberstaatsanwalts. Der dürfte gerade erst aufgestanden und damit beschäftigt sein, sich anzuziehen oder zu frühstücken. Dennoch antwortete keine Hausangestellte, sondern er selbst.

»Hier spricht Maigret... Herr Oberstaatsanwalt... Marton ist tot... Der Mann, über den ich gestern früh mit Ihnen gesprochen habe... Nein, ich bin am Quai des Orfèvres... Ich habe einen Inspektor in der Avenue de Châtillon gelassen, Lapointe... Doktor Paul ist bereits verständigt... Der Erkennungsdienst ebenfalls, ja, ja... Das weiß ich nicht... Die zwei Frauen sind in meinem Büro...«

Er sprach leise, obwohl die Verbindungstür zwischen den beiden Räumen geschlossen war.

»Ich glaube nicht, daß ich heute morgen noch einmal hingehen kann... Ich werde einen anderen Inspektor hinschicken, der Lapointe ablöst...«

Er sah beinahe schuldbewußt aus. Nach dem Gespräch schaute er auf die Uhr und beschloß, auf Janvier zu warten, um ihn an den Tatort zu schicken, denn der würde gleich eintreffen und wußte über den Fall Bescheid.

Nachdem er sich mit der Hand über die Wangen gestrichen hatte, bat er den dritten Inspektor, Bonfils, der gerade seinen Bericht über die verschiedenen Ereignisse der vergangenen Nacht schrieb:

»Würden Sie mir bitte den Rasierapparat, die Seife und das Handtuch aus meinem Schrank holen?«

Vor den beiden Frauen wollte er das nicht selbst machen. Mit seinen Toilettenartikeln in der Hand ging er auf den Flur hinaus und betrat den Waschraum, wo er seine Jacke auszog und sich rasierte. Er ließ sich Zeit, so als wollte er den Augenblick hinauszögern, in dem er tun mußte, was noch zu tun war. Nachdem er sich das Gesicht mit kaltem Wasser gewaschen hatte, kehrte er zu seinen Mitarbeitern zurück, bei denen inzwischen der Kellner aus der ›Brasserie Dauphine‹ eingetroffen war und nicht wußte, wo er sein Tablett abstellen sollte.

»In mein Büro... Hier hinein...«

Noch einmal nahm er einen Telefonhörer ab, und diesmal sprach er mit seiner Frau.

»Ich habe heute vormittag sehr viel zu tun. Ich weiß noch nicht, ob ich zum Mittagessen nach Hause kommen kann.«

Weil er so müde klang, machte sie sich Sorgen um ihn:

»Ist es etwas Schlimmes?«

Was konnte er darauf antworten?

»Mach dir keine Gedanken! Ich werde jetzt frühstükken.«

Schließlich sagte er zu Bonfils:

»Wenn Janvier eintrifft, sagen Sie ihm, er soll zu mir kommen!«

Er ging in sein Büro, aus dem der Kellner gerade herauskam, und entließ Janin. Dann, immer noch im Zeitlupentempo oder wie in einem Traum, goß er Kaffee in die drei Tassen.

»Zucker?« fragte er Gisèle Marton zuerst.

»Zwei Stück.«

Er reichte ihr die Tasse und den Teller mit den Croissants, aber sie wehrte ab, sie wollte nichts essen.

»Zucker?«

Die Schwägerin schüttelte den Kopf. Auch sie aß nichts, und so war er der einzige, der, wenngleich ohne Appetit, an einem noch warmen Croissant knabberte.

Draußen war es jetzt hell, aber noch nicht hell genug, um das Licht auszuschalten. Noch zweimal hatte Jenny den Mund aufgemacht, um etwas zu fragen, doch der Blick des Kommissars hatte ihr beide Male die Sprache verschlagen.

Der Augenblick war gekommen. Maigret, der sich noch eine zweite Tasse Kaffee eingeschenkt hatte, stopfte langsam eine Pfeife, die er unter denen ausgesucht hatte, die auf seinem Schreibtisch herumlagen.

Er stand auf und sah von einer seiner Besucherinnen zur anderen.

»Ich glaube, ich werde mit Ihnen anfangen«, murmelte er, nachdem er sich für Madame Marton entschieden hatte.

Jenny zuckte zusammen und sah wieder einmal so aus, als wollte sie etwas sagen.

»Sie bitte ich, in einem anderen Zimmer in Gesellschaft eines meiner Inspektoren zu warten.«

Er rief Janin wieder herein.

»Bringen Sie Madame ins grüne Büro und bleiben Sie bei ihr, bis ich Sie rufe!«

Das kam nicht zum erstenmal vor. Sie waren daran gewöhnt.

»Gut, Chef.«

»Janvier ist noch immer nicht da?«

»Ich glaube, ich habe seine Stimme im Flur draußen gehört.«

»Sagen Sie ihm, er soll sofort zu mir kommen!«

Janin entfernte sich mit der Schwägerin. Kurz danach trat Janvier ein und blieb verblüfft stehen, als er Madame Marton erkannte, die mit einer Kaffeetasse in der Hand dasaß.

»Marton ist tot«, erklärte Maigret. »Lapointe ist dort. Er hat die ganze Nacht Wache gehalten, und es wäre gut, wenn du hinfahren würdest, um ihn abzulösen.«

»Irgendwelche Anweisungen, Chef?«

»Lapointe wird dir alles sagen. Wenn du einen Wagen nimmst, dann triffst du noch vor der Staatsanwaltschaft ein.«

»Sie kommen nicht hin?«

»Ich glaube nicht.«

Beide Türen waren schließlich geschlossen, und außer Maigret und Madame Marton war niemand mehr im Büro. Man hätte meinen können, daß auch sie auf diesen Augenblick gewartet hatte, und während er nach wie vor schwieg und an seiner Pfeife zog, schien sie langsam zum Leben zu erwachen und ihre Erstarrung, oder vielmehr ihre Reglosigkeit zu überwinden.

Es war seltsam anzusehen, wie ihr Gesicht wieder menschliche Züge annahm, ihr Teint sich belebte und ihre Augen etwas anderes als bloßes Warten ausdrückten.

»Sie meinen doch, daß ich ihn vergiftet habe, nicht wahr?«

Er antwortete nicht sofort. Es war nicht das erstemal, daß er, wie er das soeben gemacht hatte, es vermied, kurz nachdem ein Verbrechen entdeckt wurde, Fragen zu stellen. Oft ist es besser, die Betroffenen, Tatverdächtige wie Zeugen, nicht zu schnell zum Reden zu bewegen, denn wenn sie in der ersten Aufregung etwas Falsches behauptet haben, kann es vorkommen, daß sie später dabei bleiben, weil sie fürchten, man könnte sie der Lüge bezichtigen.

Er hatte ihnen ganz bewußt Zeit gelassen, der einen wie der anderen, nachzudenken und zu entscheiden, wie sie sich verhalten und was sie aussagen würden.

»Ich meine gar nichts«, murmelte er schließlich. »Sie werden bemerkt haben, daß ich keinen Stenographen hereingerufen habe. Ich schreibe auch nicht auf, was Sie mir sagen werden. Erzählen Sie mir einfach, was passiert ist.«

Er wußte, daß seine Ruhe, die schlichte Art, in der er mit ihr sprach, sie aus dem Konzept brachte.

»Fangen Sie zum Beispiel mit dem gestrigen Abend an.«

»Was wollen Sie wissen?«

»Alles.«

Das war tatsächlich verwirrend. Sie fragte sich, wo sie ihre Geschichte beginnen sollte, und so half er ihr ein wenig nach.

»Sie sind nach Hause gekommen...«

»Wie jeden Abend, natürlich.«

»Um welche Zeit?«

»Um acht Uhr. Nach Geschäftsschluß habe ich in einem kleinen Lokal in der Rue Castiglione einen Aperitif getrunken.«

»Mit Monsieur Harris?«

»Ja.«

»Und dann?«

»Mein Mann war vor mir heimgekommen. Meine Schwester war auch zu Hause. Wir haben uns zu Tisch gesetzt.«

»Hatte Ihre Schwester das Abendessen vorbereitet?«

»Wie immer.«

»Sie essen unten, in dem Wohnzimmer, das Ihrem Mann als Atelier und Schlafzimmer zugleich diente?«

»Er hatte sich vor einigen Monaten dazu entschlossen, dort zu schlafen.«

»Wie viele Monate?«

Sie zählte in Gedanken. Dabei bewegten sich ihre Lippen.

»Acht Monate«, sagte sie schließlich.

»Was haben Sie gegessen?«

»Zuerst Suppe... Die gleiche wie am Abend zuvor...

Jenny kocht die Suppe immer für zwei Tage... Dann Schinken und Salat, Käse und Birnen...«

»Keinen Kaffee?«

»Wir trinken abends nie Kaffee.«

»Ist Ihnen nichts Ungewöhnliches aufgefallen?«

Sie zögerte und sah ihm dabei direkt in die Augen.

»Das hängt davon ab, was Sie ungewöhnlich nennen. Ich weiß nicht so recht, was ich sagen soll, denn ich hege den Verdacht, daß es gewisse Dinge gibt, über die Sie mehr wissen als ich. Das beweist die Tatsache, daß ein Inspektor vor der Tür stand. Bevor wir uns an den Tisch setzten, bin ich hinaufgegangen, um meinen Mantel abzulegen und Pantoffeln anzuziehen. Da habe ich auch festgestellt, daß meine Schwester ausgegangen und erst kurz vorher nach Hause gekommen war.«

»Wie haben Sie das festgestellt?«

»Ich habe die Tür zu ihrem Zimmer aufgemacht und gesehen, daß ihre Schuhe noch naß waren. Ihr Mantel war auch noch feucht.«

»Weshalb sind Sie in ihr Zimmer gegangen?«

»Nur um herauszufinden, ob sie weg war.«

»Warum?«

Ohne die Augen abzuwenden, antwortete sie:

»Weil ich es wissen wollte.«

»Hat Jenny den Tisch abgeräumt?«

»Ja.«

»Räumt immer sie ab?«

»Sie legt Wert darauf, ihren Anteil beizusteuern, indem sie sich um den Haushalt kümmert.«

»Spült sie auch das Geschirr?«

»Manchmal hat ihr mein Mann dabei geholfen.«

»Sie nicht?«

»Nein.«

»Erzählen Sie weiter!«

»Wie an jedem Abend hat sie einen Kräutertee aufgebrüht. Sie hat uns angewöhnt, abends Kräutertee zu trinken.«

»Lindenblüten? Kamille?«

»Nein. Sternanis. Meine Schwester hat eine schwache Leber. Seit sie in den Vereinigten Staaten war, trinkt sie jeden Abend eine Tasse Anistee, mein Mann wollte es ebenfalls ausprobieren, und ich dann auch. Sie wissen ja, wie so etwas läuft…«

»Hat sie die Tassen auf einem Tablett gebracht?«

»Ja.«

»Mit der Teekanne?«

»Nein. Sie füllte die Tassen in der Küche und stellte dann das Tablett auf den Tisch.«

»Was hat Ihr Mann in diesem Augenblick gemacht?«

»Er suchte im Radio einen bestimmten Sender.«

»So daß er, wenn ich mich richtig an den Raum erinnere, Ihnen den Rücken zukehrte?«

»Ja.«

»Was haben Sie gemacht?«

»Ich hatte gerade eine Zeitschrift aufgeschlagen.«

»Am Tisch?«

»Ja.«

»Und Ihre Schwester?«

»Sie ist wieder in die Küche gegangen, um mit dem Geschirrspülen zu beginnen. Ich weiß, worauf Sie hinauswollen, aber ich werde Ihnen trotzdem die Wahrheit sagen. Ich habe nichts in die Tassen geschüttet, weder in die meines Mannes noch in die anderen. Ich habe mich mit einer Vorsichtsmaßnahme begnügt, die ich seit einiger Zeit treffe, wann immer es mir möglich ist.«

»Mit welcher?«

»Das Tablett heimlich so zu drehen, daß entweder mein Mann oder meine Schwester die Tasse bekommt, die für mich bestimmt war.«

»Und gestern abend, wer hat da Ihre Tasse bekommen?«

»Mein Mann.«

»Hat er daraus getrunken?«

»Ja. Er hat sie mitgenommen und auf das Radio gestellt...«

»Sie haben den Raum nicht verlassen? Es gab keine Gelegenheit, die Tassen erneut zu vertauschen?«

»Darüber denke ich seit fast zwei Stunden nach.«

»Zu welchem Schluß sind Sie gekommen?«

»Bevor meine Schwester das Tablett brachte, ist mein Mann in die Küche gegangen. Jenny wird es wahrscheinlich leugnen, aber es stimmt.«

»Was hat er dort gemacht?«

»Angeblich hat er dort nach seiner Brille gesucht. Er trug zum Lesen eine Brille. Und er brauchte sie auch, um die Skala des Radioapparats zu entziffern. Im Studio hört man alles, was in der Küche gesprochen wird. Er hat mit meiner Schwester nicht geredet, ist beinahe sofort wiedergekommen und hat seine Brille neben der elektrischen Eisenbahn gefunden.«

»Haben Sie die Tassen deshalb vertauscht, weil er in der Küche war?«

»Mag sein. Nicht unbedingt. Ich habe Ihnen ja schon gesagt, daß das oft vorgekommen ist.«

»Weil Sie befürchtet haben, er könnte Sie vergiften?«

Sie sah ihn an, ohne zu antworten.

»Was ist dann passiert?«

»Nichts anderes als sonst auch. Meine Schwester ist hereingekommen, hat ihren Tee getrunken und ist wieder in die Küche gegangen. Xavier hat Radio gehört und dabei einen kleinen elektrischen Motor repariert, den er Gott weiß wofür brauchte.«

»Und Sie haben gelesen?«

»Ein oder zwei Stunden lang. Es war ungefähr zehn Uhr, als ich hinaufging.«

»Als erste?«

»Ja.«

»Was hat Ihre Schwester in diesem Moment getan?«

»Sie machte das Bett für meinen Mann.«

»Haben Sie die beiden für gewöhnlich allein gelassen?«

»Warum nicht? Was hätte das schon geändert?«

»Glauben Sie, daß sie die Gelegenheit nutzten, um sich zu küssen?«

»Das war mir gleichgültig.«

»Haben Sie Anlaß zu vermuten, daß Ihr Mann der Liebhaber Ihrer Schwester war?«

»Ich weiß nicht, ob sie ein Verhältnis miteinander hatten. Ich bezweifle es. Er benahm sich ihr gegenüber wie ein verliebter Siebzehnjähriger.«

»Warum haben Sie soeben gesagt: *Ich bezweifle es?*«

Sie antwortete nicht sofort. Maigret sah sie beharrlich an. Schließlich beantwortete sie seine Frage mit einer Gegenfrage.

»Was glauben Sie, warum wir keine Kinder haben?«

»Weil Sie keine wollten.«

»Das hat er Ihnen doch gesagt, nicht wahr? Und das hat er wahrscheinlich auch seinen Kollegen erzählt. Ein Mann gibt es nicht gern zu, wenn er praktisch impotent ist.«

»War das der Fall?«

Sie nickte nur müde.

»Sehen Sie, Herr Kommissar, es gibt noch viel, was Sie nicht wissen. Xavier hat Ihnen geschildert, wie er unser Leben sah. Als ich gestern bei Ihnen war, habe ich mir nicht die Mühe gemacht, auf Einzelheiten einzugehen. In dieser Nacht haben sich Dinge ereignet, die ich nicht verstehe, und ich weiß, daß Sie mir nicht glauben werden, wenn ich sie Ihnen erzähle.«

Er drängte sie nicht. Es ging ihm vielmehr darum, ihr all die Zeit zu lassen, die sie zum Sprechen und auch zum Abwägen ihrer Worte brauchte.

»Ich habe vorhin gehört, wie der Arzt bestätigt hat, daß Xavier vergiftet wurde. Das stimmt vielleicht. Aber ich, ich wurde auch vergiftet.«

Er zuckte unwillkürlich zusammen und beobachtete sie noch schärfer.

»Sie sind vergiftet worden?«

Ihm fiel etwas ein, was ihn dazu bewog, ihr zu glauben: die bereits angetrockneten Flecken auf dem Toilettenbekken und auf den Fliesen.

»Ich bin gegen Mitternacht mit einem entsetzlichen

Brennen im Magen aufgewacht. Als ich aufstand, wunderte ich mich, warum ich so weiche Knie und ein so leeres Gefühl im Kopf hatte. Ich stürzte ins Badezimmer und steckte mir zwei Finger in den Hals, um mich zu übergeben. Entschuldigen Sie bitte, wenn das nicht gerade appetitlich ist. Es brannte wie Feuer und hatte einen Nachgeschmack, den ich unter Tausenden wiedererkennen würde.«

»Haben Sie Ihre Schwester gerufen oder Ihren Mann?«

»Nein. Vielleicht haben sie mich gehört, weil ich mehrfach die Wasserspülung betätigt habe. Dann habe ich mir zweimal den Magen ausgeschwemmt und jedesmal eine Flüssigkeit ausgespuckt, die denselben Nachgeschmack hatte.«

»Sind Sie nicht auf die Idee gekommen, einen Arzt zu rufen?«

»Wozu denn? Zumal ich mich ja noch rechtzeitig darangemacht habe...«

»Haben Sie sich wieder hingelegt?«

»Ja.«

»Sie waren nicht versucht hinunterzugehen?«

»Ich habe bloß gelauscht und gehört, daß sich Xavier in seinem Bett herumwälzte, als schliefe er unruhig.«

»Sie sind sich darüber im klaren, daß Sie seine Tasse leer getrunken haben?«

»Das nehme ich an.«

»Und Sie bleiben dabei, daß Sie die Tassen auf dem Tablett vertauscht haben?«

»Ja.«

»Und danach haben Sie das Tablett nicht mehr aus den

Augen gelassen? Ihr Mann oder Ihre Schwester konnten sie nicht noch einmal austauschen?«

»Meine Schwester hielt sich in der Küche auf.«

»Ihr Mann hat also die Tasse genommen, die eigentlich für Sie bestimmt war?«

»So muß es gewesen sein.«

»Wollen Sie damit sagen, daß Ihre Schwester versucht hat, Ihren Mann zu vergiften?«

»Ich weiß es nicht.«

»Oder aber, da Ihr Mann ja auch vergiftet wurde, daß sie Sie beide vergiften wollte?«

Sie wiederholte:

»Ich weiß es nicht.«

Sie sahen sich lange schweigend an. Am Ende war Maigret es, der den Blick abwandte und ans Fenster trat, auf die im Regen vorüberfließende Seine hinuntersah und sich eine neue Pfeife stopfte.

8

Ein Fleck auf dem Tablett

Die Stirn an die kalte Fensterscheibe gedrückt, so wie damals, als er noch klein war und sie so lange dagegenpreßte, bis die Haut weiß wurde und er meinte, Nadeln in seinem Kopf zu spüren, verfolgte Maigret, ohne sich dessen bewußt zu sein, mit den Augen die Bewegungen der beiden Arbeiter, die auf der anderen Seite der Seine auf einem Gerüst standen.

Als er sich umwandte, lag ein Ausdruck der Resignation auf seinem Gesicht, und während er wieder zu seinem Schreibtisch ging, um sich zu setzen, vermied er es, Gisèle Marton anzusehen, und fragte:

»Haben Sie mir noch etwas zu sagen?«

Sie zögerte nicht lange, und als sie sprach, konnte er nicht umhin, den Kopf zu heben, denn sie erklärte mit ruhiger, verhaltener Stimme, die nicht herausfordernd und auch nicht bedrückt klang:

»Ich habe Xavier sterben sehen.«

Wußte sie, welchen Eindruck sie damit auf den Kommissar machte? War sie sich darüber im klaren, daß sie ihm gegen seinen Willen Bewunderung einflößte, eine gewissermaßen rein intellektuelle Bewunderung? Er konnte sich nicht daran erinnern, in diesem Büro, durch das schon so viele Leute gegangen waren, jemals einen derart vom Verstand geleiteten und kaltblütigen Menschen gesehen zu haben. Er konnte sich auch an niemanden erinnern, der so *gleichgültig* gewesen wäre.

An ihr war keinerlei menschliche Regung zu spüren. Nicht ein wunder Punkt.

Die Ellenbogen auf die Schreibunterlage gestützt, seufzte er:

»Erzählen Sie!«

»Ich war wieder ins Bett gegangen und konnte nicht mehr einschlafen. Vergebens versuchte ich zu verstehen, was geschehen war. Ich hatte keine klare Vorstellung mehr davon, wieviel Zeit verstrichen war. Sie wissen ja, wie das ist. Man hat das Gefühl, einen zusammenhängenden Gedanken zu verfolgen, aber in Wirklichkeit gibt es Lücken. Ich mußte mehrmals eingenickt sein. Ein- oder zweimal schien es mir, als hörte ich unten ein Geräusch, das Geräusch, das mein Mann verursachte, wenn er sich plötzlich im Bett umdrehte. Das war zumindest das, was ich dachte.

Einmal, dessen bin ich mir sicher, habe ich ein Stöhnen vernommen, und ich sagte mir, daß er wahrscheinlich einen Alptraum hätte. Es war nicht das erstemal, daß er im Schlaf redete und um sich schlug. Er hat mir erzählt, daß er als kleiner Junge nachtwandelte, und in der Zeit, die wir zusammen waren, passierte ihm das manchmal.«

Nach wie vor wählte sie ihre Worte mit Bedacht, zeigte aber nicht mehr Gefühlsbewegung als beim Erzählen einer Geschichte.

»Irgendwann habe ich ein lauteres Geräusch gehört, wie wenn etwas Schweres auf den Boden fiele. Ich habe Angst bekommen und mit dem Aufstehen gezögert. Ich spitzte die

Ohren und glaubte ein Röcheln wahrzunehmen. Da bin ich doch aufgestanden, habe meinen Morgenmantel angezogen und bin lautlos zur Treppe geschlichen.«

»Ihre Schwester haben Sie nicht gesehen?«

»Nein.«

»Sie haben in ihrem Zimmer auch kein Geräusch gehört? Und unter der Tür schien kein Licht durch?«

»Nein. Um in den Raum unten hineinzuschauen, mußte ich einige Stufen hinuntersteigen, und ich habe auch damit gezögert, weil ich mir dessen bewußt war, daß es gefährlich sein könnte. Dennoch habe ich es widerstrebend getan. Ich habe mich über das Geländer gebeugt.«

»Wie viele Stufen sind Sie hinuntergegangen?«

»Sechs oder sieben. Ich habe sie nicht gezählt. Im Atelier brannte Licht, nur die Nachttischlampe. Xavier lag auf dem Boden, etwa auf halbem Weg zwischen seinem Bett und der Wendeltreppe. Man hätte meinen können, er sei gekrochen und versuche noch immer zu kriechen. Er hatte sich auf einen Ellenbogen aufgestützt, auf den linken, und streckte den rechten Arm vor, um an den Revolver heranzukommen, der etwa dreißig Zentimeter von seiner Hand entfernt lag.«

»Hat er Sie gesehen?«

»Ja. Er hatte den Kopf gehoben und starrte mich voller Haß an, sein Gesicht war verzerrt, und ihm stand Schaum oder Speichel vor dem Mund. Da habe ich begriffen, daß ihn, als er bereits geschwächt und mit der Waffe in der Hand zur Treppe ging, um heraufzukommen und mich zu töten, seine Kräfte verlassen hatten, daß er gestürzt war und daß ihm der Revolver aus der Hand gefallen und weggerollt war, so daß er ihn nicht mehr erreichen konnte.«

Mit halb geschlossenen Augen sah Maigret das Atelier wieder vor sich, die Treppe, die zur Zimmerdecke anstieg, und Martons Leichnam, so wie er aufgefunden worden war.

»Sind Sie weiter hinuntergegangen?«

»Nein. Ich bin geblieben, wo ich war, vollkommen unfähig, meine Augen von ihm abzuwenden. Ich konnte ja nicht wissen, über welche Energiereserven er insgesamt noch verfügte. Ich war wie gebannt.«

»Wie lange hat es gedauert, bis er starb?«

»Ich weiß es nicht. Er versuchte, die Waffe zu erreichen und dabei noch zu sprechen, mir seinen Haß oder Drohungen entgegenzuschreien. Gleichzeitig hatte er Angst, ich könnte hinunterkommen, mich des Revolvers bemächtigen, bevor er es konnte, und schießen. Zweifellos ist das mit ein Grund dafür, warum ich nicht hinuntergegangen bin. Ich weiß es nicht genau. Ich habe nicht darüber nachgedacht. Er keuchte. Krämpfe schüttelten ihn. Ich habe geglaubt, er würde sich auch übergeben. Dann hat er einen Schrei ausgestoßen, sein Körper bäumte sich mehrmals auf, die Hände verkrampften sich, und dann rührte er sich plötzlich nicht mehr.«

Ohne den Blick abzuwenden, fügte sie hinzu:

»Mir war klar, daß es zu Ende war.«

»Sind Sie daraufhin hinuntergegangen, um sich davon zu überzeugen, daß er tot war?«

»Nein. Ich wußte, daß er tot war. Ich habe keine Ahnung, woher ich diese Gewißheit hatte. Ich bin wieder in mein Zimmer hinaufgegangen und habe mich auf die Bettkante gesetzt. Mir war kalt. Ich habe mir die Decke umgehängt.«

»Ihre Schwester hatte ihr Zimmer noch immer nicht verlassen?«

»Nein.«

»Aber Sie sagten doch soeben, daß er einen Schrei ausgestoßen hätte.«

»Das stimmt. Sie hat es sicher gehört. Es ist ausgeschlossen, daß sie es nicht gehört hat, aber sie ist in ihrem Bett geblieben.«

»Sind Sie nicht auf die Idee gekommen, einen Arzt zu rufen? Oder die Polizei?«

»Wenn es im Pavillon ein Telefon gäbe, hätte ich es vielleicht gemacht. Ich bin mir dessen nicht sicher.«

»Wie spät war es?«

»Ich weiß es nicht. Ich habe nicht daran gedacht, auf meinen Wecker zu schauen. Ich versuchte nur, das alles zu begreifen.«

»Falls Sie ein Telefon gehabt hätten, hätten Sie dann nicht Ihren Freund Harris alarmiert?«

»Gewiß nicht. Er ist verheiratet.«

»Sie wissen also nicht, nicht einmal annähernd, wieviel Zeit verstrichen ist von dem Moment an, in dem Sie Ihren Mann haben sterben sehen, bis gegen sechs Uhr morgens, als Sie zur Concierge telefonieren gegangen sind? War es eine Stunde? Zwei Stunden? Drei Stunden?«

»Mehr als eine Stunde, das würde ich beschwören. Aber weniger als drei.«

»Haben Sie damit gerechnet, angeklagt zu werden?«

»Ich habe mir keine Illusionen gemacht.«

»Und Sie haben sich überlegt, was Sie auf die Fragen antworten werden, die man Ihnen stellen würde.«

»Das ist schon möglich. Ohne mir dessen bewußt zu sein. Ich habe viel nachgedacht. Dann habe ich das vertraute Klappern der Mülleimer gehört, die über einen Nachbarhof gezogen wurden, und bin hinuntergegangen.«

»Und da sind Sie Ihrer Schwester noch immer nicht begegnet?«

»Nein. Im Vorbeigehen habe ich die Hand meines Mannes berührt. Sie war schon kalt. Ich habe Ihre Nummer im Telefonbuch gesucht, sie aber nicht gefunden, deshalb habe ich das Überfallkommando angerufen und darum gebeten, daß man Sie verständigt.«

»Danach sind Sie in Ihre Wohnung zurückgekehrt?«

»Vom Hof aus habe ich im Zimmer meiner Schwester Licht gesehen. Als ich die Tür aufmachte, kam Jenny gerade die Treppe herunter.«

»Hatte sie den Leichnam schon entdeckt?«

»Ja.«

»Hat sie nichts gesagt?«

»Vielleicht hätte sie etwas gesagt, wenn nicht beinahe im selben Augenblick jemand geklopft hätte. Es war Ihr Inspektor.«

Nach einer Pause fügte sie hinzu:

»Falls noch ein wenig Kaffee da ist...«

»Er ist kalt.«

»Das macht nichts.«

Er schenkte ihr ein und goß auch sich selbst nach.

Jenseits der Tür, des Fensters, ging das Leben weiter, der Alltag, so wie die Menschen ihn geregelt haben, um sich Ruhe und Sicherheit zu verschaffen.

Hier, zwischen diesen vier Wänden, lag eine andere Welt,

deren Pulsschlag hinter jedem Satz, hinter jedem Wort zu spüren war, eine finstere und beängstigende Welt, die die junge Frau allerdings nicht zu beeinträchtigen schien.

»Haben Sie Marton geliebt?« fragte Maigret leise und beinahe gegen seinen Willen.

»Nein. Ich glaube nicht.«

»Trotzdem haben Sie ihn geheiratet.«

»Ich war achtundzwanzig und von all meinen Erfahrungen angewidert.«

»Stand Ihnen der Sinn nach einem achtbaren Dasein?«

Sie schien nicht gekränkt zu sein.

»Nach Ruhe, auf jeden Fall.«

»Haben Sie Marton anderen vorgezogen, weil er sich leichter zurechtmodeln ließ?«

»Vielleicht unbewußt.«

»Wußten Sie damals schon, daß er so gut wie impotent war?«

»Ja. Doch das war es nicht, wonach ich gesucht habe.«

»Waren Sie in der ersten Zeit glücklich mit ihm?«

»Das ist ein großes Wort. Wir haben uns ganz gut verstanden.«

»Weil er tat, was Sie wollten?«

Sie gab vor, den aggressiven Unterton, der in der Stimme des Kommissars mitschwang, nicht wahrzunehmen, und auch nicht den Blick, mit dem er sie betrachtete.

»Diese Frage habe ich mir nicht gestellt.«

Nichts brachte sie aus der Fassung, und dennoch war ihr allmählich eine gewisse Erschöpfung anzumerken.

»Als Sie Harris begegneten, oder, falls Sie das vorziehen, Maurice Schwob, haben Sie sich da in ihn verliebt?«

Sie überlegte, anscheinend ehrlich, so als liege ihr daran, nichts Falsches zu behaupten.

»Sie führen immer dieses Wort im Munde. Maurice konnte mir vor allem eine andere berufliche Stellung verschaffen, ich bin nämlich nie davon ausgegangen, daß ich hinter den Ladentisch eines großen Warenhauses gehöre.«

»Ist er sofort Ihr Liebhaber geworden?«

»Das hängt davon ab, was Sie unter sofort verstehen. Nach ein paar Tagen, wenn ich mich recht erinnere. Weder er noch ich haben dem große Bedeutung beigemessen.«

»Ihre Beziehungen lagen wohl mehr auf geschäftlicher Ebene?«

»Wenn Sie so wollen. Ich weiß, daß Sie, wenn Sie die Wahl zwischen zwei Hypothesen haben, sich für die schmutzigere entscheiden werden. Ich würde eher sagen, Maurice und ich spürten, daß wir vom gleichen Schlag waren...«

»Weil Sie die gleichen Ambitionen hatten. Ist Ihnen nie der Gedanke gekommen, sich scheiden zu lassen, um ihn zu heiraten?«

»Wozu denn? Er ist schon verheiratet, mit einer Frau, die älter ist als er, die Vermögen hat und der er es verdankt, daß er das Geschäft in der Rue Saint-Honoré aufbauen konnte. Alles andere...«

Sie gab zu verstehen, daß alles andere wenig Bedeutung hatte!

»Wann kam Ihnen zum erstenmal der Verdacht, daß Ihr Mann geistesgestört sei? Denn diesen Eindruck hatten Sie doch, nicht wahr?«

»Das war nicht nur ein Eindruck. Das war eine Gewißheit. Ich wußte von Anfang an, daß er ein bißchen anders war. Er hatte Phasen der Begeisterung, in denen er wie ein Genie von seiner Arbeit sprach, und andere, in deren Verlauf er sich darüber beklagte, daß er nur ein Versager wäre, über den sich jeder lustig machte.«

»Sie auch?«

»Natürlich. Ich glaube, daß es wohl immer so läuft. Während dieser Phasen war er düster und ängstlich und beobachtete mich argwöhnisch, um mich dann plötzlich, in einem Augenblick, in dem ich am wenigsten darauf gefaßt war, mit Vorwürfen zu überhäufen. Zu anderen Zeiten verlegte er sich dagegen wieder aufs Einschmeicheln.«

»Hat Sie das nicht dazu bewogen, ihn zu verlassen?«

»Ich glaube, ich hatte Mitleid mit ihm. Er war unglücklich. Als meine Schwester in tiefer Trauer aus den Vereinigten Staaten kam und die untröstliche Witwe spielte, hat er sie zuerst geschnitten. Sie störte seine Gewohnheiten, und das verzieh er ihr nicht, manchmal redete er einen ganzen Tag lang nicht mit ihr.

Ich frage mich heute noch, wie sie es angestellt hat. Aber irgendwie ist es ihr ganz ohne Zweifel gelungen, einen verlassenen, schutzlosen Eindruck zu erwecken.

So hatte er endlich jemanden in die Finger bekommen, der schwächer war als er. Zumindest glaubte er das. Verstehen Sie? Bei meiner Schwester hatte er das Gefühl, ein Mann zu sein, stark und überlegen ...«

»Sie haben noch immer nicht daran gedacht, sich scheiden zu lassen und das Feld zu räumen?«

»Sie wären trotzdem miteinander unglücklich gewesen, denn meine Schwester ist in Wirklichkeit kein so willenloses Geschöpf. Ganz im Gegenteil.«

»Hassen Sie sie?«

»Wir haben uns nie geliebt.«

»Warum haben Sie sie dann unter Ihrem Dach aufgenommen?«

»Weil sie sich dort eingenistet hat.«

Wenn es Maigret so vorkam, als lastete ein schweres Gewicht auf seinen Schultern und als hätte er einen üblen Geschmack im Mund, dann deshalb, weil er spürte, daß all das stimmte.

Das Leben in dem kleinen Haus in der Avenue de Châtillon hatte sich bestimmt in der Atmosphäre abgespielt, die Madame Marton hier mit wenigen Sätzen beschrieb, und er konnte sich die mehr oder minder stillen Abende vorstellen, in deren Verlauf jeder sich in seinen Haß verstrickte.

»Was erhofften Sie sich? Daß das nicht mehr lange dauern würde?«

»Ich bin bei einem Arzt gewesen.«

»Bei Steiner?«

»Nein. Bei einem anderen. Ich habe ihm alles erzählt.«

»Hat er Ihnen nicht geraten, Ihren Mann in eine Anstalt einweisen zu lassen?«

»Er hat mir geraten abzuwarten, weil die Symptome noch nicht deutlich genug wären, und er hat gemeint, daß eine schwerere Krise nicht lange auf sich warten lassen würde...«

»So daß Sie diese Krise kommen sahen und auf der Hut waren?«

Sie zuckte kaum merklich mit den Schultern.

»Habe ich all Ihre Fragen beantwortet?« erkundigte sie sich nach längerem Schweigen.

Maigret überlegte und fand nichts mehr, wonach er sie hätte fragen können, denn es war kaum noch etwas offengeblieben.

»Als Sie auf der Treppe standen und Ihren Mann am Boden liegen sahen, waren Sie da nicht versucht, ihm zu Hilfe zu eilen?«

»Ich wußte nicht, ob er nicht noch über genügend Kraft verfügte, um den Revolver zu erreichen...«

»Sind Sie überzeugt davon, daß Ihre Schwester all das, was Sie mir eben erzählt haben, mitbekommen hat?«

Sie sah ihn an, ohne zu antworten.

Wozu sollte sie noch etwas sagen? Er hätte sie gern in Widersprüche verwickelt. Er hätte sie gern unter Anklage gestellt. Doch sie bot ihm dazu keinerlei Anlaß. Sie wich ihm auch nicht aus.

Er schoß einen letzten Pfeil ab, als er murmelte: »Ich nehme an, Sie haben auch nie die Absicht gehabt, sich Ihren Mann vom Hals zu schaffen?«

»Ihn zu töten?«

Sie unterschied genau zwischen töten und in eine Anstalt einweisen lassen. Als er ja sagte, erklärte sie bloß:

»Wäre ich darauf ausgewesen, ihn umzubringen, hätte ich nichts dem Zufall überlassen, und dann säße ich nicht hier.«

Das stimmte allerdings. Wenn jemand fähig war, ein perfektes Verbrechen zu begehen, dann diese Frau.

Bedauerlicherweise hatte sie Marton nicht getötet, und nachdem er sich seine Pfeife wieder angezündet und Madame Marton dabei voller Groll angeblickt hatte, stand Maigret schwerfällig auf und steuerte, körperlich wie geistig erschöpft, die Tür zum Inspektorenbüro an.

»Ruft doch mal in der Avenue de Châtillon Nummer 17 an… Die Loge der Concierge… Janvier ist in dem Pavillon hinten im Hof… Ich möchte ihn gern sprechen…«

Er kehrte an seinen Platz zurück, und während er auf das Gespräch wartete, tupfte sie sich wie in einer Theaterpause ein wenig Puder aufs Gesicht. Endlich schrillte das Telefon.

»Janvier?… Ich möchte gern, daß du, ohne aufzulegen, in den Pavillon gehst und dir ein Tablett genau anschaust, das in der Küche sein muß…«

Er wandte sich an Gisèle Marton:

»Rund oder eckig?«

»Ein rechteckiges Holztablett.«

»Ein Holztablett, rechteckig und groß genug, daß man drei Tassen samt Untertassen draufstellen kann… Ich möchte wissen, ob es irgendein Merkmal gibt, einen Kratzer oder sonst ein Zeichen, an dem man erkennen kann, ob man es so rum oder andersrum auf den Tisch stellt… Verstehst du, was ich meine? … Moment noch… Sind die Leute von der Spurensicherung noch da? … Gut…! Sag ihnen, sie sollen sich um eine Flasche kümmern, die im Besenschrank steht und ein weißliches Pulver enthält… Sie sollen feststellen, ob Fingerabdrücke vorhanden sind…«

Die zweite Frage konnte Janvier sofort beantworten.

»Es sind keine Fingerabdrücke drauf. Sie haben die Flasche bereits untersucht. Sie ist mit einem feuchten, etwas fettigen Lappen abgewischt worden, wahrscheinlich mit einem Spültuch.«

»Ist von der Staatsanwaltschaft schon jemand da?«

»Ja. Der Untersuchungsrichter ist nicht begeistert.«

»Weil ich nicht auf ihn gewartet habe?«

»Hauptsächlich deshalb, weil Sie die beiden Frauen mitgenommen haben.«

»Sag ihm, wenn er in sein Büro kommt, ist der Fall sicher geklärt. Welcher Richter ist es denn?«

»Coméliau.«

Die beiden Männer konnten sich nicht riechen.

»Schau dir mal schnell das Tablett an. Ich bleibe am Apparat.«

Er hörte die Stimme von Gisèle Marton, um die er sich überhaupt nicht mehr kümmerte.

»Hätten Sie mich gefragt, hätte ich es Ihnen sagen können. Es gibt ein Kennzeichen. Es ist nicht absichtlich gemacht worden. Der Lack hat an einer Schmalseite des Tabletts eine Blase aufgeworfen.«

Kurz danach bestätigte Janvier, der ein wenig außer Atem war, tatsächlich:

»Es gibt eine Blase im Lack.«

»Ich danke dir. Sonst noch was?«

»In Martons Tasche hat man ein zerknittertes Papiertütchen gefunden, das Zinkphosphid enthalten hatte.«

»Ich weiß.«

Er wußte natürlich nicht, daß es in der Tasche war, sondern dachte, daß man es irgendwo im Raum finden würde.

Er legte den Hörer wieder auf.

»Als Sie Ihren Mann in die Küche gehen sahen, da ahnten Sie, was er tun würde, nicht wahr? Deshalb haben Sie doch die Tassen vertauscht?«

»Ich vertauschte sie jedesmal, wenn ich dazu Gelegenheit hatte.«

»Hat er sie nicht auch manchmal vertauscht?«

»Das stimmt. Nur, gestern abend, da konnte er nicht, weil ich das Tablett nicht aus den Augen gelassen habe.«

Am Boulevard Richard-Lenoir gab es auch ein Tablett, nicht aus Holz, sondern ein versilbertes, das sie zur Hochzeit bekommen hatten. Maigret und seine Frau hatten gleiche Tassen, nur daß die des Kommissars einen kaum sichtbaren Sprung aufwies.

Also verwechselten sie sie nie. Wenn Madame Maigret das Tablett auf das runde Tischchen neben dem Sessel ihres Mannes stellte, dann war er sicher, daß seine Tasse auf seiner Seite stand, in Reichweite.

Er hatte sich einmal mehr erhoben. Madame Marton sah ihm nach, neugierig, aber furchtlos.

»Lucas, kommen Sie mal einen Moment? Suchen Sie ein leeres Büro, irgendeins, und gehen Sie mit ihr hin! Bleiben Sie dort, bis ich Sie rufe! Und sagen Sie im Vorbeigehen Bescheid, daß man mir die Schwägerin hereinführen soll!«

Madame Marton folgte dem Inspektor, ohne dem Kommissar eine Frage zu stellen. Der öffnete, kaum daß er allein war, seinen Schrank, griff nach der Flasche mit dem Cognac, den er weniger für sich als für manche seiner Besucher, die ihn bisweilen nötig hatten, dort aufbewahrte, und goß davon etwas in ein Wasserglas.

Als es klopfte, schloß er den Schrank und hatte gerade noch Zeit, sich die Lippen abzuwischen.

»Herein!«

Man brachte Jenny herein, die ein bleiches, verquollenes Gesicht voll roter Flecken hatte, wie jemand, der geweint hat.

»Setzen Sie sich!«

Der Stuhl, auf dem ihre Schwester gesessen hatte, war noch warm. Jenny sah sich um und war vollkommen verwirrt, als sie merkte, daß sie mit dem Kommissar allein war.

Er setzte sich nicht, ging auf und ab, wußte nicht, womit er beginnen sollte, und sagte schließlich, als er vor ihr stehenblieb:

»Für welchen Anwalt haben Sie sich entschieden?«

Sie hob jäh den Kopf und sah ihn mit großen, feuchten Augen an. Ihre Lippen bewegten sich, doch sie bekam kein Wort heraus.

»Ich möchte Sie lieber in Gegenwart Ihres Anwalts vernehmen, damit Sie nicht den Eindruck haben, ich würde Sie hereinlegen.«

Während ihr Tränen über die Wangen liefen, stammelte sie schließlich:

»Ich kenne keinen Anwalt.«

Er holte ein von der Anwaltskammer herausgegebenes Verzeichnis aus seinem Bücherregal und reichte es ihr.

»Suchen Sie sich einen aus dieser Liste aus!«

Sie schüttelte den Kopf.

»Wozu denn?«

Er hätte es viel lieber gesehen, wenn es die andere gewesen wäre!

»Gestehen Sie?«

Sie nickte, suchte in ihrer Handtasche nach dem Taschentuch und putzte sich ohne jede Koketterie die Nase, die davon noch röter wurde.

»Geben Sie zu, daß Sie die Absicht hatten, Ihre Schwester zu vergiften?«

Da brach sie in Schluchzen aus.

»Ich weiß es nicht mehr... Quälen Sie mich nicht... Alles soll nur schnell vorbei sein...«

Ein Weinkrampf schüttelte sie. Sie kam gar nicht auf den Gedanken, ihr tränennasses Gesicht zu verbergen.

»Liebten Sie Ihren Schwager?«

»Ich weiß es nicht. Ich weiß es nicht mehr. Ich glaube, ja...«

Sie sah ihn flehend an.

»Machen Sie, daß es schnell geht, Kommissar!... Ich kann nicht mehr...«

Und jetzt, da er Bescheid wußte, machte er es so kurz wie möglich. Er ging sogar so weit, daß er der jungen Frau, ganz nebenbei, die Hand auf die Schulter legte, als verstünde er, daß sie eines menschlichen Kontakts bedurfte.

»Waren Sie sich dessen bewußt, daß Xavier nicht ganz normal war?«

Sie nickte. Sie schüttelte den Kopf. Sie schlug sich mit Problemen herum, die für sie zu kompliziert waren, und schließlich schrie sie auf:

»Sie war es, die ihn nicht verstanden hat und die ihn verrückt gemacht hat...«

»Absichtlich?«

»Ich weiß es nicht. Er brauchte...«

Sie fand keine Worte.

»Ich habe versucht...«

»Ihm Mut zu machen?«

»Sie können ja nicht wissen, in welcher Atmosphäre wir gelebt haben... Es war nur, wenn wir allein waren, er und ich … Denn bei mir fühlte er sich wohl, zu mir hatte er Vertrauen …«

»Als er Sie gestern abend am Quai getroffen hat, hat er Ihnen da erzählt, daß er sich heute morgen untersuchen lassen sollte?«

Es überraschte sie, daß Maigret das wußte, und sie sah ihn einen Moment lang mit offenem Mund an.

»Antworten Sie … Ich versuche ja auch, Sie so schnell wie möglich zu befreien …«

Sie begriff, was er damit meinte. Sie stellte sich nicht vor, daß der Kommissar davon redete, sie auf freien Fuß zu setzen, sondern daß er sie gern gewissermaßen von ihr selbst befreien wollte.

»Er hat es mir gesagt«, gab sie widerwillig zu.

»Hatte er Angst davor?«

Sie sagte schniefend ja und war erneut den Tränen nahe, als sie hinzufügte: »Er meinte, daß sie gewonnen hätte …«

Die Wahl ihrer Worte verriet, wie verwirrt ihre Gedanken waren.

»Denn sie hat ihn zu allem getrieben … Sie hat dafür gesorgt, daß er das Gift findet, daß er auf komische Gedanken kommt …«

»Haßte er sie?«

Sie blickte ihn voller Furcht an und wagte nicht zu antworten.

»Und Sie, Sie haben auch angefangen, Ihre Schwester zu hassen, nicht wahr?«

Sie schüttelte den Kopf. Doch das hieß weder ja noch nein. Sie versuchte vielmehr, auf diese Art den Alptraum zu verscheuchen.

»Als Marton gestern abend hier wegging«, fuhr Maigret fort, »da glaubte er, man würde ihn nach der ärztlichen Untersuchung nicht mehr freilassen... Er hatte also nur noch einen Abend... Das war seine letzte Chance...«

Das Verhalten des Spielwarenverkäufers mochte absurd erscheinen, aber es ließ dennoch eine gewisse Logik erkennen, und Maigret begriff allmählich manche Stellen des Buchs über Psychiatrie, das er gelesen hatte. Nur, was dessen Autor mit schwer verständlichen Fachausdrücken, mit komplizierten Sätzen schilderte, war letzten Endes bloß menschlich.

»Als er in die Küche kam, während Sie dort waren...«

Sie schauderte und hätte ihn am liebsten nicht weitersprechen lassen.

»... war da der Kräutertee schon in den Tassen?«

Er war sich dessen sicher und brauchte keine Antwort darauf.

»Sie haben nicht gesehen, wie er das Pulver hineingeschüttet hat?«

»Ich habe ihm den Rücken zugekehrt. Er hat die Schublade mit dem Besteck aufgemacht und ein Messer herausgenommen. Ich habe die Messer klappern hören...«

»Und da haben Sie geglaubt, er hätte nicht den Mut gehabt, das Gift hineinzuschütten?«

Maigret sah das Messer mit dem dunklen Holzgriff wieder vor sich, neben dem Radio, auf dem ein Katalog gelegen hatte.

Unter dem ernsten Blick des Kommissars rang Jenny noch eine Weile mit sich, ehe sie wimmerte:

»Ich habe Mitleid gehabt...«

Er hätte ihr entgegnen können:

›Mit Ihrer Schwester jedenfalls nicht!‹

Und sie fuhr fort:

»Ich war sicher, daß man ihn in eine Anstalt einweisen würde, daß Gisèle das Spiel gewonnen hatte … Da …«

»Da haben Sie die Flasche mit dem Phosphid genommen und eine gehörige Dosis in die Tasse Ihrer Schwester geschüttet. Und Sie haben noch die Geistesgegenwart besessen, die Flasche mit dem Lappen abzuwischen.«

»Ich hatte gerade ein feuchtes Tuch in der Hand.«

»Sie haben sich vergewissert, daß die für Ihre Schwester bestimmte Tasse auf der richtigen Seite des Tabletts stand.«

»Ich flehe Sie an, Kommissar!… Wenn Sie wüßten, was ich für eine Nacht verbracht habe …«

»Sie haben alles gehört?«

Wie hätte sie es nicht hören können?

»Und Sie sind nicht hinuntergegangen?«

»Ich hatte zu große Angst.«

Sie zitterte noch in der Erinnerung daran, und er ging, diesmal für sie, erneut an seinen Schrank.

»Trinken Sie!«

Sie gehorchte, erstickte fast und hätte den Cognac, der ihr in der Kehle brannte, beinahe wieder ausgespuckt.

Es war ihr anzumerken, daß sie einen Punkt erreicht hatte, an dem sie sich am liebsten auf den Boden geworfen hätte und reglos liegengeblieben wäre, ohne noch irgend etwas hören zu wollen.

»Wenn Ihnen Ihr Schwager bloß alles gesagt hätte …«

Zusammengekauert fragte sie sich, was sie nun noch erfahren würde.

Und Maigret, der sich daran erinnerte, was Xavier Marton in ebendiesem Büro gesagt hatte, erklärte:

»Nicht mit dem Gift wollte er sich seine Frau vom Hals schaffen oder sich an ihr rächen, sondern mit dem Revolver.«

Wäre es ihm nicht beinahe gelungen? Sprachen die Psychiater nicht von der unerbittlichen Logik mancher Wahnsinniger?

In seine *eigene* Tasse hatte er Phosphid geschüttet, während er mit den Messern herumklapperte, und zwar so schnell, daß seine Schwägerin, die ihm den Rücken zuwandte, glauben konnte, er hätte im letzten Moment klein beigegeben.

Er hatte die Dosis so bemessen, daß seine Beschwerden ausreichten, um die Tat zu rechtfertigen, die er daraufhin begehen würde, aber daß er nicht daran starb. Nicht ohne Grund war er seit Monaten in öffentlichen Bibliotheken ein und aus gegangen und hatte sich in Fachbücher der Medizin und Chemie vertieft.

Diese Dosis hatte Gisèle Marton abbekommen, weil sie die Tassen auf dem Tablett vertauscht hatte, und ihr war davon nur übel geworden.

Hatte Jenny in der endlos langen Nacht, die sie in ihrem Zimmer verbracht und dabei auf die Geräusche im Haus gelauscht hatte, nicht all das begriffen?

Daß sie es letzten Endes wußte, bewies die Tatsache, daß sie auf ihrem Stuhl noch weiter in sich zusammensackte, den Kopf senkte und so, als verfüge sie nicht mehr über genügend Kraft, um deutlich zu sprechen, nur stammelte:

»Ich hab ihn umgebracht…«

Er überließ sie ihrer Verzweiflung, hütete sich, ein Geräusch zu verursachen, und fürchtete dabei nur, er würde sie gleich zu Boden sinken sehen, dann schlich er schließlich auf Zehenspitzen ins Inspektorenbüro.

»Es soll sie jemand hinunterbringen ... Sachte ... Zuerst in die Krankenstation ...«, sagte er.

Das übernahm er lieber nicht selbst. Er stellte sich vors Fenster und achtete nicht einmal darauf, welche Inspektoren in sein Büro hinübergingen.

Es war nicht seine Schuld. Er konnte Marton schließlich nicht schon bei seinem ersten Besuch dem Psychiater vorführen. Und der hätte zweifellos auch nicht die Verantwortung auf sich geladen, ihn in eine Anstalt einzuweisen.

Zwischen Verantwortlichkeit und Fahrlässigkeit liegt eine Grauzone, ein Reich der Finsternis, in die einzudringen gefährlich ist.

Wenigstens zwei Menschen haben sich zur Wehr gesetzt, während ein dritter ...

»Was sollen wir mit der anderen machen, Chef?«

Er zuckte zusammen, drehte sich um und betrachtete wie jemand, der von weit her zurückkehrt, das geräumige Büro der Inspektoren.

»Sie soll verschwinden.«

Er war nahe daran, noch zu sagen:

›Gebt ihr einen Tritt in den H...!‹

Er wartete, bis niemand mehr in seinem Büro war. Dann betrat er es wieder, und weil noch ein Rest fremder Gerüche im Raum hing, öffnete er das Fenster.

Er stand davor und atmete begierig die feuchte Luft ein, als er Lucas hinter sich sagen hörte:

»Ich weiß nicht, ob ich richtig gehandelt habe. Bevor Madame Marton ging, hat sie mich gefragt, ob sie telefonieren dürfte. Ich habe zugestimmt, denn ich dachte mir, daß wir dadurch vielleicht etwas erfahren würden.«

»Was hat sie ihm denn gesagt?«

»Sie wissen, mit wem sie gesprochen hat?«

»Mit Harris.«

»Sie nennt ihn Maurice. Sie hat sich dafür entschuldigt, daß sie zu Geschäftsbeginn nicht da war. Einzelheiten hat sie nicht erwähnt. Sie hat nur gesagt:

›Ich werde es Ihnen gleich erklären …‹«

Maigret schloß das Fenster wieder und wandte ihm den Rücken zu, und Lucas, der ihn beobachtet hatte, fragte besorgt:

»Was ist denn, Chef?«

»Nichts. Was soll denn sein? Sie wird es ihm erklären, und sie ist nicht die Frau, die sich irrt. Im Moment sitzt sie in einem Taxi, hält sich einen Spiegel vor die Nase und frischt ihr Make-up auf …«

Er klopfte seine Pfeife im Aschenbecher aus.

»Ruf bei der Staatsanwaltschaft an, und falls Coméliau schon da ist, sag ihm, daß ich gleich zu ihm komme.«

Für ihn war es vorüber. Der Rest war die Sache der Richter, und er wollte wahrlich nicht in deren Haut stecken.

Noland (Waadt), 16. Dezember 1957

Bitte beachten Sie
auch die folgenden Seiten

Georges Simenon in der Diogenes Neuedition

Seit 1977 betreut der Diogenes Verlag das Gesamtwerk Georges Simenons in einer Werkausgabe. Im Laufe der Jahre erschienen über 200 Bände. Seit 1995 werden Simenons Werke im Rahmen einer Neuedition in zum Teil neuen oder überarbeiteten Übersetzungen wieder aufgelegt.

»Allmählich gibt es wieder Simenon zu kaufen, und gerade wer ihn noch nicht kennt, der hat jetzt die Möglichkeit, sich Zug um Zug und auf ganz übersichtliche Weise in Simenon einzulesen.«
Rolf Vollmann / Südwestfunk, Baden-Baden

»Georges Simenon hat es wie kein anderer verstanden, in Worte zu fassen, wozu der Mensch fähig ist, in seinem Leben, mit seinem Lieben, mit seinen Lastern. Er war der Mann, der den Nobelpreis hätte erhalten müssen.« *Johannes Mario Simmel*

Im Rahmen der Neuedition bisher erschienen:
(Stand Winter 2001/2002)

Romane

Bellas Tod
Roman. Aus dem Französischen von Elisabeth Serelmann-Küchler

Der Schnee war schmutzig
Roman. Deutsch von Willi A. Koch

Drei Zimmer in Manhattan
Roman. Deutsch von Linde Birk

Der Mann mit dem kleinen Hund
Roman. Deutsch von Stefanie Weiss

Die Großmutter
Roman. Deutsch von Linde Birk

Der große Bob
Roman. Deutsch von Linde Birk

Die Wahrheit über Bébé Donge
Roman. Deutsch von Renate Nickel

Der kleine Heilige
Roman. Deutsch von Trude Fein

Die Glocken von Bicêtre
Roman. Deutsch von Magda Kurz

Tropenkoller
Roman. Deutsch von Annerose Melter

Der Mörder
Roman. Deutsch von Lothar Baier

Die Komplizen
Roman. Deutsch von Stefanie Weiss

Die Verlobung des Monsieur Hire
Roman. Deutsch von Linde Birk

Der Mann, der den Zügen nachsah
Roman. Deutsch von Walter Schürenberg

Die Fantome des Hutmachers
Roman. Deutsch von Eugen Helmlé

Der Tod des Auguste Mature
Roman. Deutsch von Anneliese Botond

Die Witwe Couderc
Roman. Deutsch von Hanns Grössel

Der Bürgermeister von Furnes
Roman. Deutsch von Hanns Grössel

Antoine und Julie
Roman. Deutsch von Eugen Helmlé

45 Grad im Schatten
Roman. Deutsch von Angela von Hagen

Der Zug aus Venedig
Roman. Deutsch von Liselotte Julius

Wellenschlag
Roman. Deutsch von Ulrich Hartmann

Schlußlichter
Roman. Deutsch von Stefanie Weiss

Das Testament Donadieu
Roman. Deutsch von Eugen Helmlé

Die Katze
Roman. Deutsch von Angela von Hagen

Die Marie vom Hafen
Roman. Deutsch von Ursula Vogel

Das Haus am Kanal
Roman. Deutsch von Ursula Vogel

Der Zug
Roman. Deutsch von Trude Fein

Der Mann aus London
Roman. Deutsch von Stefanie Weiss

Die Zeit mit Anaïs
Roman. Deutsch von Ursula Vogel

Das blaue Zimmer
Roman. Deutsch von Angela von Hagen

Der Bericht des Polizisten
Roman. Deutsch von Markus Jakob

Im Falle eines Unfalls
Roman. Deutsch von Hansjürgen Wille und Barbara Klau

Sonntag
Roman. Deutsch von Hansjürgen Wille und Barbara Klau

Die grünen Fensterläden
Roman. Deutsch von Alfred Günther

Maigret-Romane und -Erzählungen

Maigret und die alte Dame
Roman. Deutsch von Renate Nickel

Maigret und der Mann auf der Bank
Roman. Deutsch von Annerose Melter

Maigret und Pietr der Lette
Roman. Deutsch von Wolfram Schäfer. Mit einer Nachbemerkung des Autors

Maigret und die junge Tote
Roman. Deutsch von Raymond Regh

Maigrets erste Untersuchung
Roman. Deutsch von Roswitha Plancherel

Maigret und der gelbe Hund
Roman. Deutsch von Raymond Regh

Maigret als möblierter Herr
Roman. Deutsch von Wolfram Schäfer

Maigret und die Bohnenstange
Roman. Deutsch von Guy Montag

Maigret bei den Flamen
Roman. Deutsch von Claus Sprick

Maigret und die widerspenstigen Zeugen
Roman. Deutsch von Wolfram Schäfer

Maigret und der Gehängte von Saint-Pholien
Roman. Deutsch von Sibylle Powell

Maigret und der verstorbene Monsieur Gallet
Roman. Deutsch von Roswitha Plancherel

Maigret und die Keller des ›Majestic‹
Roman. Deutsch von Linde Birk

Maigret zögert
Roman. Deutsch von Annerose Melter

Maigrets Nacht an der Kreuzung
Roman. Deutsch von Annerose Melter

Maigret und der Verrückte von Bergerac
Roman. Deutsch von Hainer Kober

Maigret und das Schattenspiel
Roman. Deutsch von Claus Sprick

Maigret und das Dienstmädchen
Roman. Deutsch von Hainer Kober

Maigret in der Liberty Bar
Roman. Deutsch von Angela von Hagen

Maigret regt sich auf
Roman. Deutsch von Wolfram Schäfer

Maigret und der einsame Mann
Roman. Deutsch von Ursula Vogel

Maigret und der Spitzel
Roman. Deutsch von Inge Giese

Maigret am Treffen der Neufundlandfahrer
Roman. Deutsch von Annerose Melter

Maigret und das Verbrechen in Holland
Roman. Deutsch von Renate Nickel

Maigret kämpft um den Kopf eines Mannes
Roman. Deutsch von Roswitha Plancherel

Maigret amüsiert sich
Roman. Deutsch von Renate Nickel

Maigret macht Ferien
Roman. Deutsch von Markus Jakob

Mein Freund Maigret
Roman. Deutsch von Annerose Melter

Hier irrt Maigret
Roman. Deutsch von Elfriede Riegler

Maigret hat Skrupel
Roman. Deutsch von Ingrid Altrichter

Maigret contra Picpus
Roman. Deutsch von Hainer Kober

Weihnachten mit Maigret
Erzählung. Deutsch von Hans-Joachim Hartstein

Biographisches

Als ich alt war
Tagebücher 1960–1963. Deutsch von Linde Birk

Brief an meine Mutter
Deutsch von Trude Fein

Außerdem erschienen:

Meistererzählungen
Deutsch von Wolfram Schäfer, Angelika Hildebrandt-Essig, Gisela Stadelmann, Linde Birk und Lislott Pfaff

Über Simenon
Essays, Aufsätze und Zeugnisse von André Gide bis Alfred Andersch. Mit Lebensdaten, Bibliographie und Filmographie. Herausgegeben von Claudia Schmölders und Christian Strich. Zweite, erweiterte und verbesserte Auflage

Simenon auf der Couch
Fünf Ärzte verhören den Autor sieben Stunden lang. Deutsch von Irène Kuhn. Mit einer Vita in 43 Bildern, einer Bibliographie und Filmographie

Stanley G. Eskin
Simenon
Eine Biographie. Mit zahlreichen Fotos, Lebenschronik, Bibliographie, ausführlicher Filmographie, Anmerkungen, Namens- und Werkregister. Aus dem Amerikanischen von Michael Mosblech

Carissimo Simenon
Mon cher Fellini
Der Briefwechsel zwischen Federico Fellini und Georges Simenon. Mit einem Vorwort von Claude Gauteur und einem Gespräch von Georges Simenon mit Federico Fellini. Aus dem Italienischen und Französischen von Linde Birk. Herausgegeben von Claude Gauteur und Silvia Sager

Robert J. Courtine
Simenon und Maigret bitten zu Tisch
Die klassischen französischen Bistrorezepte der Madame Maigret. Aus dem Französischen von Pierre F. Sommer

Robert J. Courtine

Simenon und Maigret bitten zu Tisch

Die klassischen französischen Bistrorezepte
der Madame Maigret
Aus dem Französischen von Pierre F. Sommer
Mit zahlreichen Abbildungen

Original französische Bistrorezepte – eine traditionelle Küche, die heute wieder die Teller erobert.
Georges Simenon hat in seinen unzähligen Romanen nicht nur die unsterblich gewordene Figur des Kriminalkommissars Maigret geschaffen, sondern auch der französischen Küche ein Denkmal gesetzt. Denn: Maigret liebt die echte, bodenständige Kost, wie sie am heimischen Herd oder im Bistro um die Ecke gepflegt wurde.
Robert J. Courtine, Kolumnist bei *Le Monde* und langjähriger Freund Simenons, hat die Gerichte bis zu ihren Ursprüngen zurückverfolgt, die Rezepte vereinfacht und heutigen Eßgewohnheiten angepaßt.
Begleitet wird die Rezeptsammlung von kurzen *Maigret*-Zitaten und stimmungsvollen Fotos aus dem Paris der fünfziger Jahre.

»Eine Sammlung köstlicher und gut nachkochbarer Rezepte.« *The New York Times*

Carissimo Simenon
Mon cher Fellini

Der Briefwechsel zwischen Federico Fellini und Georges Simenon

Mit einem Vorwort von Claude Gauteur und einem Gespräch von Georges Simenon mit Federico Fellini
Aus dem Italienischen und Französischen von Linde Birk
Herausgegeben von Claude Gauteur und Silvia Sager

Zum ersten Mal begegnen sich Federico Fellini und Georges Simenon 1960 anläßlich des Filmfestivals in Cannes. Simenon ist Vorsitzender der Jury – und Fellini Gewinner der Goldenen Palme für *La dolce vita*. Der Briefwechsel zwischen dem Cinéasten und dem Romancier beginnt aber erst 16 Jahre später, als Fellini seinen *Casanova* dreht. Simenon ist hingerissen von diesem Film. Zu der Bewunderung, die er schon immer für den Filmkünstler hegte, kommt nun die Neugier dazu: Wer ist der Schöpfer eines solchen Werks? Umgekehrt fragt sich Fellini: Wer ist der Mann, der ohne Unterlaß so viele wunderbare Romane schreibt?
Man kennt Georges Simenon, den »wichtigsten Schriftsteller unseres Jahrhunderts« (Gabriel García Márquez); die letzten 30 Jahre seines Lebens lebt er zurückgezogen in der Schweiz. Man kennt auch Federico Fellini: den Schöpfer opulenter Filmwerke, ständig in Gesellschaft von Produzenten, Schauspielern, Autoren. Scheinbar so unterschiedlich, vereint sie doch ein Gefühl für etwas, was sie beide als ›das Schöpferische‹ bezeichnen. In den Briefen erzählen sie sich von Träumen und Alpträumen, Zweifeln und Hochgefühlen – intime Zeugnisse zweier großer Geister über das Leben und die Kunst.

»In meinen Augen ist Fellini das Kino.«
Georges Simenon

»Simenons Romane sind wie ein Traum, der dem Leben gleicht und uns vielleicht hilft, das wirkliche Leben zu deuten und zu lieben.« *Federico Fellini*

Nicholas Blake im Diogenes Verlag

Nicholas Blake ist das Pseudonym, unter dem der berühmte, in Irland geborene Lyriker Cecil Day Lewis (1904–1972) seine psychologischen Kriminalromane schrieb, in denen der Detektiv Nigel Strangeways ermittelt.

»Detektiv Nigel Strangeways löst jeden Fall mit Esprit, Humor und unter Wahrung der Formen, die sich für einen britischen Gentleman geziemen.«
Facts, Zürich

»Blake verfügt über all die Tugenden, die der anspruchsvolle Kenner von Kriminalliteratur erwartet: Kultiviertheit, Intelligenz und Sensibilität.«
The Times Literary Supplement, London

»Nicholas Blake, ein Klassiker, beweist, mit welcher Lakonik und Lockerheit sich wirkliche Spannung aufbauen läßt.«
Wolfram Knorr/Die Weltwoche, Zürich

Mein Verbrechen
Roman. Aus dem Englischen von Eberhard Gauhe

Eine vertrackte Geschichte
Roman. Deutsch von Jobst-Christian Rojahn

Ende des Kapitels
Roman. Deutsch von Nikolaus Stingl

Was zu beweisen ist
Roman. Deutsch von Barbara Rojahn-Deyk

Eric Ambler im Diogenes Verlag

Seit 1996 erscheint eine Neuedition der Werke Eric Amblers in neuen oder revidierten Übersetzungen.

»Die Neuübersetzungen, stilistisch viel näher am Original, offenbaren viel deutlicher die Meisterschaft von Eric Ambler, der nicht nur politisch denkt, klar analysiert, präzise schreibt, sondern bei alledem auch noch glänzend unterhält.«
Karin Oehmigen/SonntagsZeitung, Zürich

»Eric Amblers Romane sind außergewöhnlich, weil sie Spannung und literarische Qualität verbinden. Die neuen und überarbeiteten Übersetzungen im Taschenbuch sind vorbehaltlos zu begrüßen.«
Bayerisches Fernsehen, München

Der Levantiner
Roman. Aus dem Englischen von Tom Knoth

Die Maske des Dimitrios
Roman. Deutsch von Matthias Fienbork

Eine Art von Zorn
Roman. Deutsch von Malte Krutzsch

Topkapi
Roman. Deutsch von Elsbeth Herlin und Nikolaus Stingl

Der Fall Deltschev
Roman. Deutsch von Mary Brand und Walter Hertenstein

Die Angst reist mit
Roman. Deutsch von Matthias Fienbork

Schmutzige Geschichte
Roman. Deutsch von Günter Eichel

Der dunkle Grenzbezirk
Roman. Deutsch von Walter Hertenstein und Ute Haffmans

Bitte keine Rosen mehr
Roman. Deutsch von Tom Knoth

Anlaß zur Unruhe
Roman. Deutsch von Dirk van Gunsteren

Besuch bei Nacht
Roman. Deutsch von Wulf Teichmann

Waffenschmuggel
Roman. Deutsch von Tom Knoth

Ungewöhnliche Gefahr
Roman. Deutsch von Matthias Fienbork

Mit der Zeit
Roman. Deutsch von Matthias Fienbork

Das Intercom-Komplott
Roman. Deutsch von Dirk van Gunsteren

Doktor Frigo
Roman. Deutsch von Matthias Fienbork

Schirmers Erbschaft
Roman. Deutsch von Nikolaus Stingl

Nachruf auf einen Spion
Roman. Deutsch von Matthias Fienbork

Außerdem lieferbar:

Ambler by Ambler
Eric Amblers Autobiographie
Deutsch von Matthias Fienbork

Die Begabung zu töten
Deutsch von Matthias Fienbork

Wer hat Blagden Cole umgebracht?
Lebens- und Kriminalgeschichten.
Deutsch von Matthias Fienbork

Über Eric Ambler
Zeugnisse von Alfred Hitchcock bis Helmut Heißenbüttel. Herausgegeben von Gerd Haffmans unter Mitarbeit von Franz Cavigelli. Mit Chronik und Bibliographie. Erweiterte Neuausgabe

Ross Macdonald im Diogenes Verlag

»Ross Macdonald gilt schon heute als ein Klassiker des Kriminalromans. Kein anderer lebender Thriller-Autor ist in den USA und in Großbritannien so gefeiert worden wie er: die ›New York Times Book Review‹ und ›Newsweek‹ widmeten ihm mehrere Titelgeschichten – kein anderer ist so erfolgreich.
Lew Archer, Macdonalds grauhaariger und keineswegs heldenhafter Privatdetektiv, gehört zu der Spezies, wie sie vor ihm etwa Hammetts Sam Spade und, vor allem, Chandlers Philip Marlowe verkörperten.«
Luzerner Neueste Nachrichten

Durchgebrannt
Roman. Aus dem Amerikanischen von Helmut Degner

Geld kostet zuviel
Roman. Deutsch von Günter Eichel

Die Kehrseite des Dollars
Roman. Deutsch von Günter Eichel

Der Untergrundmann
Roman. Deutsch von Hubert Deymann

Dornröschen war ein schönes Kind…
Roman. Deutsch von Wulf Teichmann

Unter Wasser stirbt man nicht!
Roman. Deutsch von Hubert Deymann

Ein Grinsen aus Elfenbein
Roman. Deutsch von Charlotte Hamberger

Die Küste der Barbaren
Roman. Deutsch von Marianne Lipcowitz

Der Fall Galton
Roman. Deutsch von Egon Lothar Wensk

Gänsehaut
Roman. Deutsch von Gretel Friedmann

Der blaue Hammer
Roman. Deutsch von Peter Naujack

Der Drahtzieher
Detektivstories um Lew Archer. Mit einem Vorwort des Autors. Deutsch von Hubert Deymann und Peter Naujack

Einer lügt immer
Detektivstories um Lew Archer. Deutsch von Hubert Deymann

Sanftes Unheil
Roman. Deutsch von Monika Schoenenberger

Der Mörder im Spiegel
Roman. Deutsch von Dietlind Bindheim

Blue City
Roman. Deutsch von Christina Sieg-Welti und Christa Hotz

Magdalen Nabb im Diogenes Verlag

»Seit 1975 lebt Magdalen Nabb in Italien und verarbeitet ihre scharfen Beobachtungen zu fesselnden Kriminalromanen, die in der geschäftigen und von Touristen überfluteten Stadt spielen. Bereits ihr erstes Buch, das 1981 erschien, wurde vom großen Kriminalschriftsteller Georges Simenon als Meisterwerk bezeichnet.« *Juliane Lutz / Freie Presse, Chemnitz*

»Wie man Italophilie, Krimi und psychologisches Einfühlungsvermögen zwischen zwei Buchdeckel bekommt, ist bei der Engländerin Magdalen Nabb nachzulesen. Die Reihe um einen einfachen, klugen sizilianischen Wachtmeister, der seinen Dienst in Florenz versieht, ist ein Kleinod der Krimikultur.«
Alex Coutts / Ultimo, Bielefeld

Tod im Frühling
Roman. Aus dem Englischen von Matthias Müller. Mit einem Vorwort von Georges Simenon

Tod im Herbst
Roman. Deutsch von Matthias Fienbork

Tod eines Engländers
Roman. Deutsch von Matthias Fienbork

Tod eines Holländers
Roman. Deutsch von Matthias Fienbork

Tod in Florenz
Roman. Deutsch von Monika Elwenspoek

Tod einer Queen
Roman. Deutsch von Matthias Fienbork

Tod im Palazzo
Roman. Deutsch von Matthias Fienbork

Tod einer Verrückten
Roman. Deutsch von Irene Rumler

Das Ungeheuer von Florenz
Roman. Deutsch von Silvia Morawetz

Geburtstag in Florenz
Roman. Deutsch von Christa Seibicke

Alta moda
Roman. Deutsch von Christa Seibicke

Magdalen Nabb & Paolo Vagheggi:
Terror
Roman. Deutsch von Bernd Samland

Jugendbücher:

Ein neuer Anfang
Roman. Deutsch von Ursula Kösters-Roth

Kinderbücher:

Finchen im Winter

Finchen im Sommer

Finchen im Herbst
Mit Bildern von Karen Donnelly. Deutsch von Ursula Kösters-Roth

Liaty Pisani im Diogenes Verlag

Mit Ogden hat Liaty Pisani einen Spion geschaffen, der eine fatale Schwäche hat: Er hat ein Gewissen. Dennoch wird er mit seiner Intelligenz und Schnelligkeit bei den heikelsten Missionen eingesetzt. Für Ogden ist der Dienst seine Familie: als Ziehsohn eines Geheimdienstbosses ist er mit den Umgangsformen in der Welt der Top-Secret-Informationen vertraut. Was ihm nicht jede böse Überraschung erspart.

»Wenn es sich nicht noch herausstellt, daß es sich bei Liaty Pisani um John le Carrés Sekretärin handelt, die ihm die Manuskripte maust, dann haben wir endlich eine weibliche Spionage-Autorin. Noch dazu eine mit literarischem Schreibgefühl.«
Martina I. Kischke/Frankfurter Rundschau

»Ein bemerkenswertes literarisches Talent, das außerhalb der italienischen Tradition, nämlich zwischen Chandler und le Carré, eingereiht werden muß und durch seine versteckten Zitate an Nabokov erinnert.«
La Stampa, Turin

Der Spion und der Analytiker
Roman. Aus dem Italienischen von Linde Birk

Der Spion und der Dichter
Roman. Deutsch von Ulrich Hartmann

Der Spion und der Bankier
Roman. Deutsch von Ulrich Hartmann

Schweigen ist Silber
Ogden und der Schauspieler
Roman. Deutsch von Ulrich Hartmann